W0325299

Inhalt

100 % übersichtlich

Erleben Sie 100% Oslo auf drei Spaziergängen. Jedes Kapitel im 100 % Cityguide ist einem Spaziergang gewidmet. Am Kapitelende gibt es eine Karte mit der Kurzbeschreibung des Spaziergangs. Auf der Karte in der vorderen Umschlagklappe sehen Sie die drei Kartenausschnitte im Überblick. Dort finden Sie anhand der Buchstaben Ⓐ bis Ⓨ alle Hotels sowie die Sehenswürdigkeiten und Ausgehtipps, die nicht auf einem der Spaziergänge liegen.

In den drei Kapiteln beschreiben wir ausführlich, welche Sehenswürdigkeiten Sie auf den Spaziergängen entdecken können und wo man gut essen, trinken, shoppen, feiern und relaxen kann. Alle Adressen sind mit einer Nummer ① gekennzeichnet, die Sie im Stadtteilplan am Ende des Kapitels wiederfinden. An der Farbgebung der Nummer können Sie erkennen, zu welcher Kategorie die jeweilige Adresse gehört:

Sehenswürdigkeiten	Shoppen
Essen & Trinken	100 % there

DREI SPAZIERGÄNGE

Zu jedem Kapitel gehört ein Spaziergang, der – ohne Besuch der genannten Sehenswürdigkeiten – ungefähr vier Stunden dauert. Auf den einzelnen Stadtteilplänen sehen Sie den genauen Verlauf der Route und können deren Länge anhand des Maßstabs ungefähr bestimmen. Die Wegbeschreibung links neben dem Stadtplan führt Sie entlang der Sehenswürdigkeiten zu den schönsten Adressen. So entdecken Sie fast nebenbei die besten Shopping-Gelegenheiten, die nettesten Restaurants und die angesagtesten Cafés und Bars. Wer irgendwann keine Lust mehr hat, der Route zu folgen, kann aufgrund der ausführlichen Tipps und Pläne auch wunderbar auf eigene Faust Entdeckungen machen.

PREISANGABE BEI HOTELS UND RESTAURANTS

Um Ihnen eine Vorstellung von den Preisen in den Hotels und Restaurants zu geben, finden Sie bei den Anschriften stets auch die Preise. Die Angaben für Hotels beziehen sich auf ein Doppelzimmer mit Frühstück pro Nacht es sei denn, es ist etwas anderes angegeben. Die Angaben für die Restaurants nennen – wenn nicht anders verzeichnet – den Durchschnittspreis eines Hauptgerichts.

FESTIVALS UND VERANSTALTUNGEN

Musikkfest Oslo *(www.musikkfest.no)*

Das Musikkfest Oslo (MFO) findet jedes Jahr am ersten Samstag im Juni statt. In der ganzen Stadt werden Gratiskonzerte verschiedener Musikrichtungen gegeben, unter anderem (Hard-)Rock, Pop, R&B, Soul, Reggae, Blasmusik und Rock 'n' Roll. Das MFO dauert ganze zwölf Stunden lang.

Oslo Kulturnatt *(www.oslokulturnatt.no)*

Während der Oslo Kulturnatt sind viele Sehenswürdigkeiten, wie zum Beispiel das Rathaus, das Parlament oder die "Christian Radich", eines der Schiffe im Hafen, kostenlos zu besichtigen. Mit dieser Kulturnacht soll Besuchern und Einwohnern das Osloer Kulturleben nähergebracht werden. Die Oslo Kulturnatt findet am Freitag der 38. Kalenderwoche statt (meistens im September).

Elvelangs

Der Elvelangs ist eine Wanderung entlang dem in Fackelschein getauchten Akerselva, die jährlich am letzten Donnerstag im September veranstaltet wird. Unterwegs gibt es viel zu erleben, zum Beispiel Auftritte von Chören und Bands sowie Theater- und Tanzdarbietungen.

Øyafestivalen *(www.oyafestivalen.com)*

Das Øyafestivalen ist ein Musikfestival, das jedes Jahr im August im Middelalderpark organisiert wird. Der am Oslofjord gelegene Park bildet eine perfekte Kulisse für das Festival, bei dem norwegische und internationale Künstler ihr Können zeigen.

Norwegian Wood

Ein Klassiker unter den Musikfestivals. Beim Norwegian Wood, das jedes Jahr im Mai im Frognerpark stattfindet, treten skandinavische und internationale Top-Bands auf.

17 mai tog

Am 17. Mai, dem norwegischen Nationalfeiertag, gibt es zahlreiche Paraden und Umzüge in der Stadt. Am diesem Tag wird die Verabschiedung der Verfassung gefeiert, die 1814 zur Unabhängigkeit des Landes von Dänemark führte. Der wichtigste Umzug ist der Zug der Schulkinder (*barnetog*). Dieser führt am Schloss vorbei, aus dem die königliche Familie vom Balkon herabwinkt.

Norway Cup *(www.norwaycup.no)*

Der Norway Cup ist ein internationales Turnier für junge Fußballtalente, das jedes Jahr in der 31. Kalenderwoche (Anfang August) abgehalten wird.

GUT ZU WISSEN

Oslo zeigt sich im Winter völlig anders als im Sommer, doch die Stadt fasziniert in beiden Jahreszeiten gleichermaßen. Mitten im Winter sind die Tage sehr kurz: Zwischen 9 und 10 Uhr morgens wird es erst hell, und um 15 Uhr ist es schon wieder dunkel. Die Weihnachtszeit ist den Norwegern sehr wichtig. Überall werden Kerzen und Lichter aufgestellt, und in den Straßen herrscht weihnachtliche Stimmung. Im Winter kann es viel schneien und dann bietet sich die Gelegenheit zu herrlichen Wanderungen durch die weiße Winterlandschaft. Es gibt mehrere Eisbahnen (unter anderem im Zentrum), bei denen man auch Schlittschuhe mieten kann. Im Sommer hingegen sind die Tage sehr lang. Nachts wird es überhaupt nicht dunkel, nur zwischen 0 und 3 Uhr herrscht etwas Dämmerung. Die Stadt ist im Sommer voller Leben und rund um die Uhr bevölkert. Sommer wie Winter haben also ihren Charme.

In Norwegen ist Rauchen an den meisten Orten verboten, insbesondere in Bars, Restaurants und öffentlichen Einrichtungen. Trinkgeld ist üblich, aber nicht obligatorisch. In vielen Lokalen wird Kaffee oder Tee gratis nachgeschenkt. Dieser sympathische Brauch nennt sich auf Norwegisch *påfyll*.

100 % OSLO

SPAZIERGANG 1: ZENTRUM, AKER BRYGGE & BYGDØY
Das Zentrum präsentiert sich in einer bunten Mischung aus Baustilen. Da wären die mittelalterliche Festung Akershus und das moderne Hafenviertel Aker Brygge, von wo aus man einen herrlichen Blick auf den Oslofjord hat. Im östlichen Teil des Zentrums stehen viele Prachtbauten, im Westen liegt die Halbinsel Bygdøy mit zahlreichen Museen und üppiger Natur.

SPAZIERGANG 2: FROGNER-MAJORSTUEN, FAGERBORG & HOMANSBYEN
Monumentale Botschafts- und Bürogebäude prägen den Stadtteil Frogner, in dem auch der Vigelandpark liegt. Schicke Boutiquen gibt es in Majorstuen, Fagerborg lockt dagegen mit netten Kneipen und Cafés. Und in Homansbyen findet man alles: schöne Parks, Shopping- und Ausgehmöglichkeiten und Restaurants.

SPAZIERGANG 3: GRÜNERLØKKA & GRØNLAND
Quer durch Oslo fließt der Akerselva, dessen Ufer alte Industriegebäude säumen, zum Beispiel bei Mølla. Der am Akerselva gelegene ehemalige Arbeiterkiez Grünerløkka ist heute ein In-Viertel, in dem man gut essen, ausgehen und shoppen kann. Weiter flussabwärts liegt das multikulturelle Viertel Grønland mit einem bunten Angebot an Läden, Restaurants, Bars, Kneipen und Clubs.

1 0 0 % O S L O

In Oslo gibt es so viel zu erleben – doch wo fängt man am besten an? Natürlich möchte man Aker Brygge, das Schloss und den Vigelandpark sehen. Man kann aber auch am Akerselva entlangspazieren, skandinavisches Design shoppen und eine Rundfahrt auf dem Oslofjord machen. Abends genießt man frischen Fisch, einen Drink im Straßencafé oder die Musik in einem angesagten Club. Der 100 % Cityguide zeigt Ihnen ganz genau, was Sie auf keinen Fall verpassen sollten. Sightseeing & Shopping, Ausgehen & Abenteuer – die übersichtlichen Stadtpläne weisen Ihnen den Weg.

AUF 3 SPAZIERGÄNGEN 100 % OSLO ERLEBEN!

GELD

Norwegen ist kein EU-Mitglied, gehört jedoch zu den Schengenländern. Die Landeswährung ist die Norwegische Krone (NOK). Der Wechselkurs liegt derzeit bei etwa acht Kronen für einen Euro. Die Preise sind in Norwegen höher als in Deutschland, insbesondere für Alkohol, aber auch für Übernachtungen, Restaurantbesuche, Verkehrsmittel und den gesamten Lebensunterhalt. Die Löhne liegen im Schnitt ebenfalls höher als bei uns.

PRAKTISCHE ADRESSEN

In Oslo gibt es drei Fremdenverkehrsbüros, von denen zwei (am Hauptbahnhof und am Rathaus) ganzjährig geöffnet sind. Das dritte befindet sich am Kreuzfahrtterminal und ist nur dann geöffnet, wenn gerade ein Kreuzfahrtschiff anlegt. Weitere Informationen finden Sie auf *www.visitoslo.com*.

FEIERTAGE

Neben Neujahr, Gründonnerstag, Karfreitag, Ostern, Pfingsten, Christi Himmelfahrt und Weihnachten ist in Norwegen der 17. Mai ein gesetzlicher Feiertag. An diesem Tag wird die Unabhängigkeit Norwegens gefeiert. Die Geschäfte sind dann geschlossen.

HABEN SIE NOCH TIPPS?

Wir haben diesen Reiseführer mit großer Sorgfalt zusammengestellt. Da das Angebot an Geschäften und Restaurants in Oslo jedoch regelmäßig wechselt, kann es sein, dass eine Empfehlung nicht mehr existiert. Besuchen Sie in diesem Fall oder wenn Sie andere Anmerkungen oder Fragen zu diesem 100 % Cityguide haben, unsere Webseite *www.100travel.de/oslo*. Dort können Sie mit unserer Redaktion in Kontakt treten. Auch finden Sie dort aktuelle Tipps und zusätzliche Informationen zum Thema Oslo und können sich mit anderen Oslo-Besuchern direkt austauschen.

Last but not least möchten wir noch bemerken, dass keine der vorgestellten Adressen für ihre Erwähnung bezahlt hat, weder für den Text noch für die Fotos. Alle Texte wurden von einer unabhängigen Redaktion geschrieben.

Hotels

Oslo hat ein großes Angebot an Hotels in allen Preis- und Ausstattungsklassen. Im Allgemeinen liegen die Hotelpreise höher als in Deutschland, aber auch für den kleineren Geldbeutel gibt es genug Alternativen. Übernachtungsmöglichkeiten abseits der bekannten Hotelketten bieten B&Bs, Hostels, Campingplätze und *vandrerhjemmer*. In diesen Herbergen teilt man das Bad oft mit anderen, dafür zahlt man in der Regel weniger als im Hotel. Unterkünfte finden Sie unter anderem auf *www.visitnorway.com/de/Ubernachtung*, *www.oslo.info/hotels*, *www.visitoslo.com* und *www.100travel.de/oslo*.

Auf den nächsten Seiten sind für jedes Budget einige Übernachtungsmöglichkeiten beschrieben. Die entsprechenden Buchstaben sind auf der Übersichtskarte vorne im Cityguide eingezeichnet. Die Preisangaben beziehen sich, wenn nicht anders vermerkt, auf ein Doppelzimmer pro Nacht. Bei den Hotels ist das Frühstück im Preis inbegriffen, bei den Appartements nicht.

NIEDRIGE PREISKLASSE

Ⓐ Die **Residence Kristinelund** ist ein Bed & Breakfast in einer Prachtvilla von 1916 im Westen der Stadt, nahe der Bygdøy Allé. Es gibt zwanzig Doppel- und drei Einzelzimmer mit einem gemeinsamen Bad sowie einen eigenen kostenlosen Parkplatz. Viele Sehenswürdigkeiten sind zu Fuß erreichbar.
kristinelundsveien 2, frogner, www.kristinelund.no, telefon: 40002411, preis: 590-1180 nok (saisonabhängig), bus: 20 olav kyrres plass

Ⓑ Das **PS:hotell** ist ein nagelneues Hotel im erst kürzlich entstandenen Vulkan-Viertel. Hier bekommt man etwas für seine Kronen geboten, und zwar Design zum Spartarif. Die Zimmer sind funktionell und mit modernem Standard (wie kostenlosem WLAN) ausgestattet. Kaffee und Tee in der schicken Hotelbar gehen aufs Haus. Eine nette Geste.
maridalsveien 13c, grünerløkka, www.pshotell.no, telefon: 23156500, preis: ab 770 nok, straßenbahn: 11, 12 oder 13 maridalsveien

SCANDIC VULKAN OSLO Ⓓ

Ⓕ FROGNER HOUSE APARTMENTS

Ⓒ **Jane's Place** vermietet ein Einzimmerappartement für zwei bis drei Personen im Westen der Stadt, bei Lilleaker. Das Appartement hat eine Küche und ein Bad mit Waschmaschine und Wäschetrockner. Ein kostenloser Parkplatz ist vorhanden. Inhaberin Jane kam vor über 25 Jahren aus England nach Oslo.
dr. bachesvei 4, zentrum, www.janesplace.no, telefon: 21696525, preis: 850 nok, straßenbahn: 13 sollerud

Ⓓ Scandic ist eine Kette von eher reizlosen Businesshotels, doch in der letzten Zeit werden auch attraktivere Dependancen eröffnet. Zum Beispiel das neue **Scandic Vulkan Oslo** mitten im Zentrum, in der Nähe des Stadtteils Grünerløkka mit seinen vielen Restaurants und Geschäften. Alle Zimmer sind im modernen skandinavischen Stil mit industriellen Elementen eingerichtet. Tipp: Versuchen Sie, eines der vom Modelabel Diesel gestalteten Zimmer zu bekommen.
maridalsveien 13a, grünerløkka, www.scandichotels.com, telefon: 21057100, preis: ab 875 nok, straßenbahn: 11, 12 oder 13 schous plass

MITTLERE PREISKLASSE

Ⓔ Das **Hotel Anker** mit Hotel- und Hostelunterkünften liegt am Akerselva zwischen dem Zentrum und Grünerløkka. Hier ist man also genau richtig, wenn man beide Stadtteile erkunden möchte. Nach gründlicher Renovierung erstrahlt das Hotel seit Kurzem in einem modernen und hellen Ambiente. Von den 264 Zimmern sind 100 bereits komplett neu hergerichtet.
storgata 55, grünerløkka, www.anker-hotel.no, telefon: 22997500, preis: hostel 210 nok p. p., hotel 1000 nok, straßenbahn: 11, 12 oder 13 hausmanns gate

Ⓕ Für Hotelmuffel wie geschaffen sind die klassischen, nostalgischen Unterkünfte von **Frogner House Apartments**. Die zwischen 14 und 70 Quadratmeter großen Appartements liegen im Westen der Stadt und werden auch für längere Zeiträume vermietet. Alle Appartements haben Küche und Bad.
skovveien 8, frogner, www.frognerhouse.no, telefon: 93010009, preis: 1278 nok, bus: 30 skovveien

(G) Das **Saga Hotel** wurde 2011 vollständig renoviert und hat sich von einer schäbigen Absteige zu einer Art Boutiquehotel gemausert. Heute ist es eine gute Unterkunft für alle, die sich in europäischer Eleganz wohler fühlen als in strengem skandinavischen Design. Die ursprünglichen Elemente des 1890 errichteten Gebäudes sind beim Umbau bewahrt geblieben und wurden zur Geltung gebracht. So viel Geschichte inspiriert zu einem Besuch des königlichen Schlosses, das praktisch um die Ecke liegt.
eilert sundts gate 39, uranienborg, www.sagahoteloslo.no, telefon: 202061730, preis: 1395 nok, straßenbahn: 19 uranienborgveien

(H) Das **Thon Hotel Gyldenløve** hat minimalistisch eingerichtete Zimmer, die der Innenarchitekt in Weiß und Silber gehalten hat. Das Hotel nutzt grüne Energie und bietet Bio-Produkte auf dem Frühstücksbuffet, das übrigens am Wochenende zur Freude aller Nachtschwärmer bis 12 Uhr bereitsteht.
bogstadveien 20, majorstuen, www.thonhotels.com, telefon: 23332300, preis: 1456 nok, straßenbahn: 11 oder 19 rosenborg

HOHE PREISKLASSE

(I) Das **First Hotel Grims Grenka**, ein Designhotel mit moderner Einrichtung und entspannter Atmosphäre, liegt in Kvadraturen. Es ist das einzige Fünf-Sterne-Designhotel von Oslo. Das Grims Grenka hat Sommer- und Winterzimmer, Lofts, eine Gartensuite und eine Winterlounge.
kongensgate 5, kvadraturen, www.firsthotels.no, telefon: 23107200, preis: 1495 nok, straßenbahn: 12 oder 13 kongensgate

(J) Das edelste Hotel der Stadt ist das 1874 eröffnete **Grand Hotel Oslo**. Hier wohnte Barack Obama, als er in Oslo den Friedensnobelpreis in Empfang nahm. Auch norwegische Persönlichkeiten wie Henrik Ibsen und Fridtjof Nansen waren einst Gäste. Wer stilvoll übernachten möchte, ist hier an der richtigen Adresse.
karl johansgate 31, zentrum, www.grand.no, telefon: 23212000, preis: 1645 nok, u-bahn/bus/straßenbahn: stortinget

FROGNER HOUSE APARTMENTS (F)

Transport

Die Flughäfen Gardermoen, Rygge und Torp gelten alle als "**Flughafen Oslo**", wobei eigentlich nur Gardermoen einigermaßen in Stadtnähe liegt. Rygge liegt bei Moss und Torp bei Sandefjord. Wer an einem dieser Flughäfen ankommt, sollte damit rechnen, dass die Fahrt nach Oslo etwas länger dauert. Von Gardermoen aus gelangt man mit dem **Bus** (*flybuss* oder *flybussekspressen*) oder mit dem **Zug** (*flytoget*) ins Zentrum. Diese Busse und Züge gehören nicht zum regulären Nahverkehrsnetz. Fahrkarten gibt es am Flughafen. Der Zug braucht etwa eine halbe Stunde bis in die Stadt, mit dem Bus dauert es etwas länger. Weitere Informationen über Preise, Fahrpläne und Tickets findet man auf *www.flybussen.no/oslo*, *www.flybussekspressen.no* und *www.flytoget.no*.

Der öffentliche Nahverkehr in Oslo umfasst **Busse, U-Bahnen, Straßenbahnen** und **Fähren**. Die U-Bahn heißt auf Norwegisch *t-bane*. Die Stationen sind an den Schildern mit einem großen T zu erkennen. Die Straßenbahn wird *trikk* genannt. Beim Einsteigen muss man keinen Fahrschein vorzeigen, allerdings wird regelmäßig kontrolliert und Schwarzfahren mit Geldbußen bestraft.

Fahrscheine für den öffentlichen Nahverkehr sind an Kiosken wie 7-Eleven und Narvesen sowie im Trafikanten-Turm am Hauptbahnhof erhältlich. Es gibt verschiedene Arten von Tickets: Eine Einzelfahrt für Erwachsene kostet 30 Kronen beim Kauf vor Fahrtantritt und 50 Kronen im Verkehrsmittel. Die *kupongkort* ist eine Streifenkarte und kostet 270 Kronen für 30 Streifen, von denen für eine Fahrt in Zone 1 drei Streifen zu entwerten sind. Darüber hinaus gibt es das *smartbillett*, eine Chipkarte, die mit Guthaben aufgeladen wird. Eine Einzelfahrt in Zone 1 kostet damit 27 Kronen. Eine weitere Option ist das *7-dagers billett*. Diese Wochenkarte kostet 220 Kronen und ist eine Woche ab Entwertungsdatum gültig. Für 75 Kronen gibt es auch das *24-billett*, das 24 Stunden ab Entwertungszeitpunkt gilt. Für Kinder gibt es ermäßigte Tarife.

Mit dem **Oslo Pass** kann man den öffentlichen Nahverkehr unbegrenzt nutzen. Zudem bekommt man neben weiteren Vorteilen kostenlosen Eintritt in über dreißig Museen und andere Sehenswürdigkeiten. Der Pass ist 24, 48 oder 72 Stunden gültig und kostet 230, 340 beziehungsweise 430 Kronen für Erwachsene. Den Oslo Pass gibt es unter anderem im Fremdenverkehrsbüro, in den meisten Hotels und Trafikanten-Geschäften. Weitere Informationen finden Sie auf *www.visitoslo.com/de/bookonline/oslopass*.

Zentrum, Aker Brygge & Bygdøy

Das Herz der Stadt und eine prächtige Halbinsel

Nach den Überlieferungen der *Heimskringla* (Sagen über die norwegischen Könige) wurde Oslo um das Jahr 1000 von König Harald Hårdrade gegründet. König Håkon V. ließ im 12. Jahrhundert zur Verteidigung der Stadt die Festung Akershus errichten. Das Zentrum ist heute ein Sammelsurium von Baustilen, von urbanen und natürlichen Gebieten sowie von Menschen aus aller Welt. Alt und Neu, Hektik und Ruhe, Norweger und Ausländer – hier ist alles vertreten.

Genießen Sie von einem der Rathaustürme aus die herrliche Aussicht über den Oslofjord, spazieren Sie über den Boulevard von Aker Brygge oder sehen Sie sich die am Ufer liegenden Schiffe an. Im Zentrum liegen auch das Schloss und das Außenministerium. Am ältesten ist der östliche Teil mit seinen historischen Gebäuden wie dem Osloer Dom (Domkirke).

1

Die Karl Johans gate ist so etwas wie der Ku'damm oder die Kö von Oslo. Nicht gerade ein Ort, der charakteristisch für Oslo ist, doch er zieht viele Touristen an. Im Ostteil des Zentrums befindet sich auch der Industriehafen, ganz in der Nähe des modernen Opernhauses. Hier legen die riesigen Kreuzfahrtschiffe an.

Im Westen des Zentrums liegt die große Halbinsel Bygdøy, die mit Bus oder Fähre gut zu erreichen ist. Hier befinden sich die königlichen Stallungen. Doch nicht nur die Pferde des Königshauses, auch viele norwegische Promis haben auf der Halbinsel ihr Domizil. Auf Bygdøy kann man leicht einen ganzen Tag verbringen, zum Beispiel mit einem ausgiebigen Strandspaziergang bei Huk oder in einem der vielen Museen. Zwischendurch geht's für eine Stärkung ins Café Hemma Hos.

6 Insider-Tipps

Oper

Architektur, Kultur und die herrliche Aussicht genießen.

Schloss & Festung Akershus

Durch die mittelalterliche Festung spazieren.

Lofoten

Bei frischem Fisch den Blick über den Hafen schweifen lassen.

Granit

Mit cleveren Lösungen zu Hause Ordnung schaffen.

Rundfahrt auf dem Oslofjord

Einen Ruhetag auf einer der Inseln einlegen.

Ting

Etwas Schönes für Bad oder Küche finden.

Sehenswürdigkeiten

Shoppen

Essen & Trinken

100 % there

Sehenswürdigkeiten

① Die vom norwegischen Architekturbüro Snøhetta entworfene **Oper** wurde 2008 fertiggestellt. Der Innenbereich ist mit viel Holz ausgestattet, was für eine natürlich warme Ausstrahlung sorgt. Im Sommer gelangt man über die seitlichen Treppen aufs Dach. Ideal für ein Picknick mit prächtiger Aussicht auf den Oslofjord! Auf dem Spielplan der Oper stehen unter anderem Theater- und Ballettaufführungen, Opern und Konzerte.
kirsten flagstads plass 1, www.operaen.no, telefon: 21422100, geöffnet: mo-fr 9.00-20.00, sa 11.00-18.00, so 11.00-18.00, für öffnungszeiten und preise der vorstellungen siehe website, jernbanetorget (hauptbahnhof)

③ Der **Dom** (Domkirke) stammt aus dem Jahr 1697 und ist die Hauptkirche des lutherischen Bistums Oslo. Ursprünglich als Barockkirche errichtet, wurde der Dom 1850 im neugotischen Stil umgebaut. Bei einer Restaurierung im Jahr 1950 hat man den ursprünglichen Barockstil wiederhergestellt. Der norwegische Kronprinz Håkon gab hier seiner Mette-Marit das Jawort.
stortorvet 1, www.oslodomkirke.no, telefon: 23629010, geöffnet: mo & mi 10.00-15.30, di 9.00-15.30, do 10.00-16.30, fr 16.00-0.00, sa 0.00-8.00 & 10.00-16.00, so 10.00-19.00, eintritt: frei, straßenbahn: 11 stortorvet

⑥ Im **Stortinget**, dem norwegischen Parlament, versammeln sich täglich die 169 gewählten Parlamentsmitglieder. Hier kann man das Originaldokument des norwegischen Grundgesetzes bestaunen und die Versammlungsräume besichtigen. Während Veranstaltungen wie der Oslo Kulturnatt werden hier Führungen angeboten (auch auf Englisch), bei denen man mehr über die Geschichte Norwegens erfährt.
stortinget, www.stortinget.no, telefon: 23313596, geöffnet: mo-mi & fr 10.00-15.00, do 10.00-17.00, eintritt: frei, u-bahn: stortinget

⑩ Das Gebäude der **Universität** Oslo, ein Entwurf des Achitekten Grosch, wurde 1852 eröffnet und ist das älteste Universitätsgebäude Norwegens. Heute ist die Rechtsfakultät darin untergebracht. Das naturhistorische Museum und die botanischen Gärten in Tøyen gehören ebenfalls zur Universität.
karl johansgate 47, www.uio.no, telefon: 22855050, geöffnet: wechselnd, eintritt: frei, straßenbahn: 13 oder 19, u-bahn/bus: national theatret

(14) Das **Slottet** ist das norwegische Königsschloss. Der schwedische König Carl Johan ließ es 1824 errichten, und heute ist es Wohn- und Arbeitsstätte von König Harald und seiner Frau, Königin Sonja. Vom Schloss aus hat man einen herrlichen Blick auf die Karl Johans gate. Königliches Flair schnuppern? Der Schlosspark ist für Besucher zugänglich.
henrik ibsensgate 1, www.kongehuset.no, telefon: 22048952, geöffnet: führung 23. juni-15. aug. mo-do & sa 12.00, 14.00 & 14.20, fr & so 14.00, 14.20 & 16.00, eintritt: führung 95 nok, straßenbahn: 13 slottsparken

(18) Im **Ibsenmuseum** erfährt man alles über den Dramaturgen Henrik Ibsen (1828–1906), der als Begründer des modernen Theaters gilt. Die interaktive Ausstellung in Ibsens Wohnhaus mit dem Original-Arbeitszimmer umfasst viele Fotos, Tonfragmente und Videoclips.
henrik ibsensgate 26, www.norskfolkemuseum.no, telefon: 22123550, geöffnet: 15. mai-14. sept. täglich 11.00-18.00, 15. sept.-14 mai mo-mi & fr-so 11.00-16.00, do 11.00-18.00, eintritt: 85 nok, straßenbahn: 13 slottsparken

(22) Das **Nobel-Friedenszentrum** wurde 2005 zur Feier des hundertjährigen Bestehens von Norwegen eröffnet. Mit Wechselausstellungen will es Diskussionen über Themen wie Frieden, Krieg und Vermittlung bei Konflikten fördern.
rådhusplassen, www.nobelpeacecenter.org, telefon: 48301000, geöffnet: 1. sept.-16. mai di-so 10.00-18.00, 18. mai-31. aug. täglich 10.00-18.00, eintritt: 80 nok, straßenbahn: 12 aker brygge

(26) Der Grundstein des **Rådhuset**, des Rathauses, wurde 1931 gelegt. Die Architekten Arneberg und Poulsson entwarfen das Gebäude mit den zwei über 60 Meter hohen Türmen. Hier wird jedes Jahr der Friedensnobelpreis verliehen.
rådhusplassen, www.radhusets-forvaltningstjeneste.oslo.kommune.no, telefon: 23461200, geöffnet: täglich 9.00-18.00, eintritt: frei, straßenbahn: 12 rådhusplassen

OPER ①

㉗ **Schloss und Festung Akershus** sind nach der Region benannt, in der Oslo liegt: Akershus. In der fast 700 Jahre alten Festung ist es so ruhig, dass man fast vergisst, dass man mitten in der Stadt ist. Das zur Festung gehörende Schloss Akershus wurde im 13. Jahrhundert erbaut. Führungen gibt es auf Anfrage.
akershus festning, neben dem hafen, www.nasjonalefestningsverk.no, telefon: 23093917/23093982, geöffnet: mai-sept. täglich 6.00-21.00 (haupttor), okt.-apr. täglich 7.00-21.00 (haupttor), eintritt: festung frei, schloss 70 nok, straßenbahn: 12 aker brygge

(30) Im **Vikingskiphuset** kann man drei hervorragend erhaltene Wikingerschiffe besichtigen, die zwischen 815 und 900 nach Christus gebaut wurden. Diese Schiffe lagen – neben allerlei Grabbeigaben wie Besteck und sogar einem ganzen Wagen – in den Gräbern von Königen und anderen hochrangigen Personen. Sie dienten der Reise ins Jenseits. Die im Museum ausgestellten Funde erlauben einen Einblick in die Geschichte der Wikinger.
huk aveny 35, www.khm.uio.no/vikingskipshuset, telefon: 22135280, geöffnet: täglich mai-sept. 9.00-18.00, okt.-apr. 10.00-16.00, eintritt: 60 nok, fähre: 91 ab rådhus brygge nach dronningen, bus: 30 bygdøy

(31) Das **Norsk Folkemuseum** ist ein kulturhistorisches Freiluftmuseum mit einer Stabkirche, Bauernhöfen und Nachbauten von norwegischen Häusern ab 1500. Im Dezember gibt es hier Weihnachtsmärkte, und im Sommer erwacht die Geschichte zum Leben. Dann zeigen Darsteller in historischen Kostümen, wie die Menschen früher lebten.
museumveien 10, www.norskfolkemuseum.no, telefon: 22123700, geöffnet: im winter mo-fr 11.00-15.00, sa-so 11.00-16.00, im sommer täglich 10.00-18.00, eintritt: 100 nok, fähre: 91 ab rådhus brygge nach dronningen, bus: 30 bygdøy

(34) Das **Frammuseum** erkennt man sofort an seiner markanten, dreieckigen Form. Drinnen versteht man auch, warum es so aussieht: Das Segelschiff "Fram" passt so im Ganzen in das Gebäude. Mit dem 1892 gebauten Schiff begaben sich die Polarforscher Fridtjof Nansen und Roald Amundsen auf Entdeckungsreise.
bygdøynesveien 36, www.frammuseum.no, telefon: 23282950, geöffnet: täglich, für öffnungszeiten siehe website, eintritt: 80 nok, fähre: 91 ab rådhus brygge nach bygdøynes, bus: 30 bygdøy

(35) Das **Kon-Tiki-Museum** wurde zu Ehren Thor Heyerdahls (1914–2002) gegründet. Der norwegische Abenteurer, Wissenschaftler und Entdeckungsreisende unternahm unter anderem Expeditionen zu den Galapagos- und Osterinseln und segelte mit einem simplen Holzfloß namens "Kon-Tiki" über den Pazifik.
bygdøynesveien 36, www.kon-tiki.no, telefon: 23086767, geöffnet: täglich märz-mai & sept.-okt. 10.00-17.00, juni-aug. 9.00-18.00, nov.-febr. 10.00-16.00, eintritt: 70 nok, fähre: 91 ab rådhus brygge nach bygdøynes, bus: 30 bygdøy

17 PASCAL

Essen & Trinken

(12) Das **Kafé Caffé** ist eine der besten Lunchadressen von ganz Oslo. In diesem gemütlichen Café kann man gut Kaffee trinken und ausgezeichnet essen. Zu empfehlen sind die Bagels, die überbackenen Sandwiches und die Pasta, aber auch die Tagessuppe und die Salate. Zum Abendessen sollte man rechtzeitig kommen, denn das gibt es in Norwegen in der Regel zwischen 16 und 19 Uhr.
parkveien 21, www.kafecaffe.no, telefon: 22592100, geöffnet: mo-fr 7.30-19.00, sa-so 8.30-18.00, preis: sandwich 96 nok, straßenbahn: 11 welhavensgate

(13) **Åpent bakeri** hat fünf Filialen in Oslo. Diese hier liegt hinter dem Schlosspark und ist eine beliebte Mittagsadresse. Durch die Glaswand oder von der Terrasse aus kann man während des Essens die Leute beobachten. Das Brot wird auf traditionelle Weise nur mit natürlichen Zutaten gebacken, und im Winter gibt es eine reichhaltige Erbsensuppe.
parkveien 27, www.apentbakeri.no, telefon: 22049667, geöffnet: mo-fr 7.00-17.00, sa-so 9.00-17.00, straßenbahn: 13 slottsparken

(15) Bei **Pizza da Mimmo**, einem kleinen Kellerrestaurant, gibt es original italienische Pizza. Der Inhaber ist ein Italiener, der für seine große Liebe nach Norwegen zog und angeblich die beste Pizza von Oslo bäckt. Bei Pizza da Mimmo ist es immer recht voll, reservieren ist daher empfehlenswert.
behrensgate 2, www.pizzadamimmo.no, telefon: 22444020, geöffnet: mo-sa 16.00-23.00, so 16.00-22.00, preis: 120 nok, straßenbahn: 12 niels juelsgate

(17) **Pascal** ist eine stadtbekannte Konditoreikette mit Filialen in ganz Oslo. Hier bekommt man neben allerlei Torten und Kuchen auch Mittag- und Abendessen. Auf der Karte stehen norwegische Fisch- und Fleischgerichte sowie französisch angehauchte Speisen. Tipp: der 'Pascalburger". Stolz ist man bei Pascal darauf, dass Bill Clinton 2001 hier einen Kaffee getrunken hat.
henrik ibsensgate 36, www.pascal.no, telefon: 22550020, geöffnet: mo-fr 8.00-22.30, sa 10.00-22.30, so 12.00-17.00, preis: mittagessen 150 nok, straßenbahn: 13 slottsparken

(19) Die Küche des Fischrestaurants **Havsmak** wird von Einheimischen als "Liebe zum Meer" bezeichnet. Der Koch kombiniert typisch norwegische Zutaten mit internationalen Produkten. Wer kein Fisch-Fan ist, für den stehen auch gute Fleischgerichte und vegetarische Speisen auf der Karte.
henrik ibsensgate 4, www.havsmak.no, telefon: 24133800, geöffnet: mo-fr 11.00-1.00, sa 12.00-1.00, preis: 230 nok, straßenbahn: 13 slottsparken

(20) Das **Café Sjakk Matt** (Schachmatt) verdankt seinen Namen der früheren Einrichtung im schwarz-weißen "Schachbrettstil". Doch 2008 wurde das Café umgebaut und erstrahlt nun in helleren Farben. Es gibt zwar den ganzen Tag etwas zu essen, doch sehr gefragt ist der Mittagstisch mit belegten Brötchen, Salaten und Snacks. Man ist stolz darauf, das erste Café in Oslo gewesen zu sein – das erste, das mit C statt mit K geschrieben wurde.
haakon vii'sgate 5, www.cafesjakkmatt.no, telefon: 22834156, geöffnet: mo-do 10.00-1.00, fr 10.00-3.00, sa 12.00-3.00, so 14.00-0.00, preis: 180 nok, straßenbahn: 13 of 19, bus/u-bahn: national theatret

(24) Das beliebte Fischrestaurant **Lofoten** liegt im Hafenviertel Aker Brygge. Benannt ist es nach der Inselgruppe in Nordnorwegen, wo viele der Zutaten herkommen. Die Karte wechselt mit der Jahreszeit. Im Sommer gibt es zum Beispiel Krabben, im Winter Kabeljau. Das Restaurant hat eine separate Bar, die den Namen des Schriftstellers Knut Hamsun trägt.
stranden 75, www.lofoten-fiskerestaurant.no, telefon: 22830808, geöffnet: mo-sa 11.00-23.00, so 12.00-22.00, preis: 250 nok, straßenbahn: 12 aker brygge

(25) Das **Café Sorgenfri** befindet sich hinter Aker Brygge. In diesem ausgefallenen Lokal kommt man sich vor wie bei einem Antiquitätenhändler. Das Sorgenfri ist bekannt für sein dänisches Frühstück, ein opulentes Brunchbuffet mit Wurst, Aufstrichen, dänischer Remoulade und vielen Fischsorten.
bryggetorget 4, www.cafesorgenfri.no, telefon: 21501090, geöffnet: mo-sa 11.00-0.30, so 13.00-22.00, preis: 230 nok, straßenbahn: 12 aker brygge

ÅPENT BAKERI (13)

(28) Im Fischrestaurant **Solsiden** am Hafen neben der Festung Akershus tafelt man mit Blick aufs Wasser. Es ist nur im Sommer geöffnet und bietet dann norwegische Spezialitäten wie Hummer, Lachs und Muscheln.
søndre akershuskai 34, www.solsiden.no, telefon: 22333630, geöffnet: mai-sept. täglich ab 16.30, preis: 275 nok, straßenbahn: 12 rådhusplassen

(33) Das **Café Hemma Hos** befindet sich in einem ehemaligen Postamt. Neben Café mit Mittagstisch ist es zugleich ein Einrichtungs- und Antiquitätenladen, in dem man alles kaufen kann: den Stuhl, auf dem man sitzt, oder auch die Tasse, aus der man trinkt. Wem etwas gefällt, der lässt es gleich einpacken.
fredriksborgveien 16, www.cafehemmahos.no, telefon: 22556226, geöffnet: di-so 11.00-17.00, preis: kaffee 35 nok, wrap 60 nok, fähre: 91, bus: 30 bygdøy

Shoppen

② Die zwischen 1841 und 1858 errichteten **Basarhallene** liegen hinter dem Dom. Das Gebäude ist ein Entwurf des Architekten Grosch (1801–1865), von dem auch die Universität stammt. Heute befinden sich in den Arkaden viele nette Läden, zum Beispiel mit Antiquitäten und Schmuck, sowie jede Menge Restaurants und Cafés. Eines der Lokale ist das bei den Osloern sehr beliebte Bacchus.
kirkeristen, telefon: 22333430, geöffnet: wechselnd, straßenbahn: 11 stortorvet

④ Frauen können sich im **Design Forum** komplett neu einkleiden. Neben Kleidung und Schuhen gibt es auch viele Accessoires. Und die haben alle eines gemeinsam: kräftige Farben und umweltfreundliche Materialien. Design Forum hat mehrere Filialen in der Stadt, unter anderem in der Prinsensgate und auf dem Parkveien.
kongensgate 22, www.designforum.no, telefon: 22424230, geöffnet: mo-mi & fr 10.00-18.00, do 10.00-19.00, sa 10.00-16.00, straßenbahn: 12 oder 13 kongensgate

⑤ **Ting** ist der Geschenke- und Einrichtungsladen schlechthin. Hier findet man wirklich alles, von Handtüchern über Kerzen und Besteck bis hin zu Babykleidung, und das für jeden Geldbeutel. Praktisch: Die Artikel sind nach Farben sortiert.
akersgata 18, www.ting.no, telefon: 22424240, geöffnet: mo-mi & fr 10.00-18.00, do 10.00-19.00, sa 10.00-17.00, straßenbahn: 12, 13 oder 19 wessels plass

⑨ **Norway Designs** hat ein vielseitiges Sortiment: Kinderkleidung, Küchenutensilien, Keramik und auch Schmuck. Das Geschäft erinnert manchmal eher an eine Galerie als an einen Laden. Eine prima Inspirationsquelle für Geschenke! Alle Produkte stammen von skandinavischen Designern wie Anne Ka Munkjord, Anders Saxhaug und Anja Magner.
stortingsgata 28, www.norwaydesigns.no, telefon: 23114510, geöffnet: mo-mi & fr 10.00-17.00, do 10.00-19.00, sa 10.00-16.00, u-bahn: stortinget

GRANIT 16

(11) **Fuglen** ist Vintageladen, Café und Cocktailbar in einem. Tagsüber kann man sich einen Espresso bestellen oder sich im Laden umsehen, der allerlei Dinge im Stil der 50er- und 60er-Jahre im Sortiment hat. Abends verwandelt sich das Café in eine gute Cocktailbar.
universitetsgaten 2, www.fuglen.no, telefon: 22200880, geöffnet: mo-fr 7.30-18.00, sa 12.00-18.00, so 12.00-17.00, cocktailbar do-sa 20.00-3.30, preis: kaffee 30 nok, straßenbahn: 11, 17 oder 18 tullinløkka

(16) Oslo ist eine der teuersten Städte der Welt, doch bei **Granit** sind die Preise bezahlbar. Hier gibt es jede Menge praktischer Lösungen, um im Haus Ordnung zu schaffen und Dinge aufzubewahren. Die schwedische Erfinderin des Konzepts vermisste schöne Produkte und eröffnete kurzerhand einen eigenen Laden. Mittlerweile hat sie schon mehrere Filialen in Schweden und Norwegen. Wer einmal anfängt, durch die Körbe, Boxen und Dosen zu stöbern, ist leicht eine Stunde beschäftigt.
bygdøy allé 1, www.granit.se, telefon: 22351334, geöffnet: mo-fr 10.00-19.00, sa 10.00-17.00, straßenbahn: 12 oder 13 solli

(21) Im **House of Oslo** gibt es alles fürs Zuhause – vom Kaffeelöffel bis hin zur Eckcouch. Es ist eine Art Kaufhaus mit einzelnen Läden wie People & Design, Ha det på badet und Design Torget, die durch und durch skandinavisch sind. Wer müde vom Shoppen ist, gönnt sich eine kleine Stärkung, zum Beispiel bei Wraps & Coffee.
ruseløkkveien 26, www.houseofoslo.no, telefon: 23238560, geöffnet: mo-fr 10.00-20.00, sa 10.00-18.00, straßenbahn: 12 vikatorvet

(23) **Aker Brygge** ist ein Einkaufszentrum am Standort einer ehemaligen Werft. Als die Werft geschlossen wurde, ließ die Stadt den Boulevard Bryggetorget mit Läden und Restaurants bauen, um die Gegend aufzuwerten. Hier gibt es alles Mögliche: (Kinder-)Kleidung, Bücher, Accessoires, Einrichtungsgegenstände und vieles mehr. Bei Kremmerhuset findet man beispielsweise schöne Dinge fürs eigene Zuhause oder als Mitbringsel. Zum Ausruhen: Am Kai liegen Schiffe mit Restaurants und Cafés.
stranden 3b, www.akerbrygge.no, telefon: 22832680, geöffnet: mo-fr 10.00-20.00, sa 10.00-18.00, straßenbahn: 12 aker brygge

16

9

100 % there

(7) Norweger treiben gerne Sport, vor allem im Winter auf Skiern und Schlittschuhen. Im Winter wird in **Spikersuppa**, mitten im Zentrum, eine **Eisbahn** angelegt. Hat man keine Schlittschuhe dabei, kann man hier welche mieten.
spikersuppa, geöffnet: 26. nov.-31. märz täglich 11.00-21.00, eintritt: frei (schlittschuhverleih 45 nok), u-bahn: stortinget

(8) Im **Nationaltheatret** werden Theater- und Tanzvorstellungen gezeigt. Das 1899 erbaute Schauspielhaus ist das größte Theater Norwegens. Das Gebäude ist umgeben von Statuen großer Schriftsteller wie Henrik Ibsen. Wenn der Spielplan es erlaubt, werden Führungen angeboten.
johanne dybwads plass 1, www.nationaltheatret.no, telefon: 22001400, für öffnungszeiten und preise siehe website, straßenbahn: 13 oder 19, u-bahn/bus: national theatret

(29) Natürlich besucht man Oslo, um die Stadt kennenzulernen, aber eine **Schiffsfahrt zu einer Insel im Oslofjord** sollte unbedingt auch auf dem Programm stehen. Die Linienfähren, die von Vippetangen aus verkehren, gehören zum öffentlichen Nahverkehrsnetz. Linie 92 fährt nach Hovedøya, Langøyene und Gressholmen. Hovedøya eignet sich am besten für einen Tagesausflug, da es hier keine Privatgrundstücke und somit mehr Platz für Ausflügler gibt.
oslofjord, fähre: 92 ab vippetangen

(32) Man sollte sich Zeit für einen **Spaziergang auf Bygdøy** nehmen und die Halbinsel erkunden. Vom Norsk Folkemuseum aus geht es hinauf zu den Oscarshallen, den königlichen Stallungen. Der Weg führt an Viehweiden vorbei, durch den Wald und am Wasser entlang. Am Ende des Strandes geht es bergauf. Hier kann man einen Blick auf den Jachthafen werfen. Ganz oben angekommen liegt Ihnen Oslo zu Füßen!
bygdøy, fähre: 91 ab rådhus brygge nach dronningen, bus: 30 bygdøy

SCHIFFSFAHRT ZU EINER INSEL IM OSLOFJORD (29)

(36) **Huk** ist ein öffentlicher Badestrand am Oslofjord auf der Halbinsel Bygdøy, vom Zentrum aus mit dem Bus, der Fähre oder dem Auto gut erreichbar. Wer die Fähre nimmt, muss ein Stück gehen. Am Strandkiosk gibt es Eis, Snacks und Getränke.
hukgrenda, bygdøy, bus: 30 bygdøy, fähre: 91 ab rådhus brygge nach bygdøynes

Zentrum, Aker Brygge & Bygdøy

SPAZIERGANG 1

Startpunkt ist die Oper (1). Gehen Sie links über die Fußgängerbrücke, am Bahnhof entlang und überqueren Sie die Straßenbahngleise, um die Basarhallene (2) in der Karl Johans gate zu besuchen. Dann rechts und um das Gebäude herum zum Domeingang (3). Danach geradeaus an der Kirkegata entlang und in die zweite Straße rechts einbiegen. Für einen Abstecher zum Design Forum (4) geht es rechts in die Kongensgate. Ansonsten an der Prinsensgate entlang bis zur Akersgata rechts. Hier befindet sich ein netter Laden (5). Dann zum Stortinget (6) und links, um bei Spikersuppa (7) vorbeizuschauen. Beim Theater (8) rechts abbiegen, wo sich an der Ecke Norway Designs (9) befindet. Danach weiter Richtung Universität (10). Dann rechts und die erste Straße links. Hier wartet am Ende Fuglen (11). Im Kreisverkehr links in die St. Olavsgate bis zum Park. Dann rechts und am Park entlang, bis Sie einen Zebrastreifen erreichen. Hier die Straße überqueren und rechts in den Parkveien einbiegen für ein Mittagessen im Kafé Caffé (12). Dann zurück und bei Åpent bakeri (13) vorbeischauen. Geradeaus am Park entlang, bis Sie zur Linken das Schloss (14) erreichen. Von hier geradeaus in die Colbjørnsensgate bis zum Skovveien. Von dort links in den Frognerveien für eine köstliche Pizza (15). Dann Richtung Solli Plass und diesen überqueren (16). Gehen Sie links in die Henrik Ibsensgate für ein Restaurant (17) oder ein Museum (18). Dann weiter Richtung Havsmak (19) und rechts die Treppen hinunter. Jetzt stehen Sie in der Haakon VII'sgate. Nun geradeaus Richtung Café (20) und links Richtung Ruseløkkveien. Nach (21) zwei Mal links und dann zwei Mal rechts, um das Nobel-Friedenszentrum (22) zu erreichen. Hier können Sie shoppen (23) und etwas essen (24) (25). Machen Sie einen kleinen Abstecher über Stranden und die Holmensgate Richtung Rådhusplassen, um das Rathaus (26) anzuschauen. Von hier geradeaus bis zu den Treppen, um die alte Festung (27) zu besichtigen. Beim Anleger können Sie etwas essen (28) oder von dort eine Bootsfahrt machen (29). Nehmen Sie Fähre 91 vor dem Rathaus, um nach Bygdøy überzusetzen. Bei Dronningen aussteigen, um Museen (30) (31) zu besuchen und einen Spaziergang (32) zu machen. Danach geht es zurück zum (31). Gehen Sie geradeaus und anschließend links ins Café (33). Wer die Museen (34) (35) besuchen will, geht bei Bygdøynes von Bord. Für den Strand (36) müssen Sie den Schildern (Huk/badestrand/Hukodden) folgen.

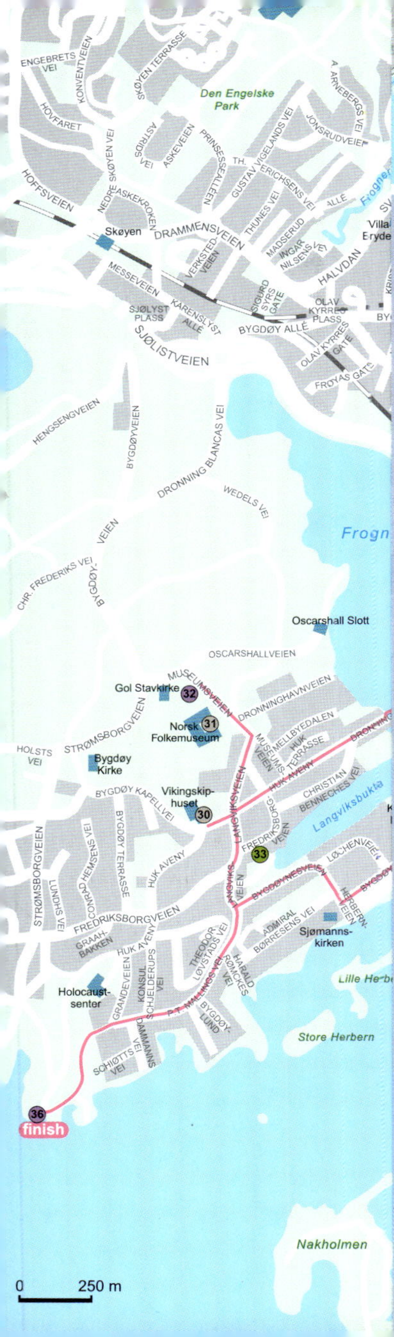

1. Oper
2. Basarhallene
3. Dom
4. Design Forum
5. Ting
6. Stortinget
7. Eisbahn in Spikersuppa
8. Nationaltheatret
9. Norway Designs
10. Universität
11. Fuglen
12. Kafé Caffé
13. Åpent bakeri
14. Slottet
15. Pizza da Mimmo
16. Granit
17. Pascal
18. Ibsenmuseum
19. Havsmak
20. Café Sjakk Matt
21. House of Oslo
22. Nobel-Friedenszentrum
23. Aker Brygge
24. Lofoten
25. Café Sorgenfri
26. Rådhuset
27. Schloss und Festung Akershus
28. Solsiden
29. Schiffsfahrt zu einer Insel im Oslofjord
30. Vikingskiphuset
31. Norsk Folkemuseum
32. Spaziergang auf Bygdøy
33. Café Hemma Hos
34. Frammuseum
35. Kon-Tiki Museum
36. Huk

Frogner-Majorstuen, Fagerborg & Homansbyen

Prachtbauten, Shopping und Nachtleben

Frogner, im Westen von Oslo gelegen, ist einer der elegantesten Stadtteile. Hier stehen prächtige Häuser, in denen früher Fabrikanten, Anwälte und Ärzte wohnten. Heute sind darin häufig Botschaften oder Büros untergebracht. Auch der Vigelandpark (Frognerpark) mit den Skulpturen von Gustav Vigeland liegt in Frogner. Gleiches gilt für Majorstuen, eine Gegend, in der man unter anderem die edelsten Boutiquen der Stadt, die sehenswerte U-Bahn-Station Majorstuen sowie weitere monumentale Gebäude bewundern kann.

In Fagerborg stehen schöne Villen aus der Zeit zwischen 1880 und 1920. Das grüne Viertel mit seinen vielen Parks ist aufgrund der ruhigen und zentralen Lage eine sehr gefragte Wohnadresse. Bei einem Spaziergang durch das schicke Viertel kann man einen Blick auf die prachtvollen Häuser werfen.

2

Homansbyen liegt zwischen dem Zentrum und Majorstuen. Dieses Viertel wurde in den vergangenen Jahren deutlich aufgewertet und ist heute eine Art Treffpunkt für die gutbetuchten Einwohner Oslos.

Die Bewohner der umliegenden Viertel Frogner-Majorstuen und Fagerborg kommen gerne zum Shoppen hierher. Das macht in Homansbyen mehr Spaß als im Stadtzentrum, denn hier geht es weniger hektisch und touristisch zu. In Homansbyen gibt es ein großes Angebot an Läden, Boutiquen, Ausgehmöglichkeiten und Restaurants – für jeden Geschmack ist etwas dabei.

6 Insider-Tipps

Kaffebrenneriet

Eine typisch norwegische Kaffeebar besuchen.

Bolivar

Zusammen mit den Einheimischen stilvoll essen.

Colletts Café

Menschen aus West- und Ost-Oslo treffen.

St. Hanshaugen Park

Relaxen und die schöne Aussicht genießen.

Vigelandpark/ Frognerpark

Die Skulpturen und den Monolithen ansehen.

Café Laundromat

Wäsche waschen und dabei Kaffee trinken.

- **Sehenswürdigkeiten**
- **Shoppen**
- **Essen & Trinken**
- **100 % there**

Sehenswürdigkeiten

③ Das **Vigelandmuseum** entstand 1921 durch einen Vertrag zwischen dem Bildhauer Gustav Vigeland (1869–1943) und der Stadt Oslo. Die Gemeinde baute ein Atelier, ein Wohnhaus und ein zukünftiges Museum für Vigeland, der im Gegenzug fast alle seiner Werke der Stadt vermachte. Im Museum kann man seine Wohnung sowie Skulpturen und Skizzen sehen, aber auch Wechselausstellungen mit Werken anderer Künstler.
nobelsgate 32, www.vigeland.museum.no, telefon: 23493700, geöffnet: di-so juni-aug. 10.00-17.00, sept.-mai 12.00-16.00, eintritt: 50 nok, bus: 20, straßenbahn: 12 frogner plass

④ Im **Bymuseet**, dem Stadtmuseum, erfährt man alles über die Geschichte und die Entwicklung der Stadt von der Wikingerzeit bis heute. Der englischsprachige Film *Oslo during the last 1000 years* zeigt, wie sich die Stadt im Laufe der Jahre verändert hat. Es gibt einen Museumsshop und ein Café, in dem man zu Mittag essen kann.
frognerparken, www.oslomuseum.no, telefon: 23284170, geöffnet: di-so 11.00-17.00, eintritt: frei, bus: 20, straßenbahn: 12 frogner plass

⑤ Der **Vigelandpark** liegt in Frogner und wird daher auch **Frognerpark** genannt. Im Park steht das Lebenswerk von Gustav Vigeland – über 200 Skulpturen aus Bronze, Granit und Schmiedeeisen. Dargestellt werden nur Menschen: junge und alte, große und kleine. Am Fuß des berühmten Monolithen in der Mitte des Parks hat man einen herrlichen Blick auf die Stadt.
haupteingang kirkeveien, www.vigeland.museum.no, geöffnet: rund um die uhr, bus: 20, straßenbahn: 12 vigelandsparken/frognerparken

⑦ Das **Schlittschuhmuseum (Skøytemuseet)** befindet sich im Frognerstadion und widmet sich dem Eislauf als olympischer Disziplin, aber auch der Entwicklung des Schlittschuhs in der Vergangenheit und Gegenwart. Norwegen kann auf eine lange Eislauftradition zurückblicken.
middelthunsgate 26, www.skoytemuseet.no, telefon: 22434920, geöffnet: di, do & so 10.00-14.00, eintritt: 20 nok, bus: 20 frogner stadion

⑩ Im **Eisenbahnmuseum (Sporveismuseet)** reist man durch die Geschichte des Osloer Nahverkehrs. Untergebracht ist es in einer alten Remise, die 1913 vom Architekten Paul Due, dem Schöpfer vieler norwegischer Bahnhofs- und Eisenbahngebäude, entworfen wurde.
gardeveien 15, www.sporveismuseet.no, telefon: 22609409, geöffnet: sa-mo 12.00-15.00, eintritt: 30 nok, bus/straßenbahn/u-bahn: majorstuen

⑯ Die wunderschöne und sehenswerte **Fagerborg Kirke** sieht man schon von Weitem. In der 1903 im neugotischen Stil errichten Kirche werden regelmäßig Konzerte und Ausstellungen veranstaltet.
rosenborggata 3, www.fagerborgkirke.no, telefon: 23629100, geöffnet: mo-fr 8.00-15.30, eintritt: frei, für öffnungszeiten und preise für aus- und vorstellungen siehe website, straßenbahn: 11 oder 19 rosenborg

㉑ Die ebenfalls im neugotischen Stil erbaute **Uranienborg Kirke** wurde 1886 eingeweiht. Den Innenbereich schmücken sehenswerte Fresken von Thømt sowie die prächtige Glasmalerei von Emanuel Vigeland, dem jüngeren Bruder von Gustav Vigeland.
uranienborgveien 22b, www.uranienborgkirke.no, telefon: 23629009, geöffnet: mo-fr 10.00-14.00, preis: eintritt: frei, straßenbahn: 19 uranienborgveien

㉓ Die **Nationalgalerie** bildet gemeinsam mit dem Architekturmuseum, dem Kunstgewerbemuseum und dem Museum für zeitgenössische Kunst das Nationalmuseum für Kunst, Architektur und Design. In der Nationalgalerie sind Kunstwerke von der Antike bis zur Gegenwart zu sehen, darunter einige Werke von Munch. Das Museum hat auch ein nettes Café für eine Verschnaufpause.
universitetsgata 13, www.nationalmuseum.no, telefon: 21982000, geöffnet: di-mi & fr 10.00-18.00, do 10.00-19.00, sa-so 11.00-17.00, eintritt: 50 nok, u-bahn/bus/straßenbahn: 13 oder 19 national theatret, straßenbahn: 10, 11, 17 oder 18 tullinløkka

VIGELANDMUSEUM ③

⑤ VIGELANDPARK/FROGNERPARK

㉖ Das **Kunstgewerbemuseum (Kunstindustrimuseet)** zeigt norwegisches und internationales Kunst-, Mode- und Designhandwerk aus allen Epochen. Freunde von Glas- und Keramikkunst oder Mode- und Möbeldesign sollten unbedingt einmal vorbeischauen.
st. olavsgate 1, www.nationalmuseum.no, telefon: 21982000, geöffnet: di-mi & fr 11.00-17.00, do 11.00-19.00, sa-so 12.00-16.00, eintritt: 50 nok, bus: 33, 37 oder 46 nordahl brunsgate, u-bahn: national theatret

(27) Auf dem Friedhof **Vår Frelsers Gravlund** liegen norwegische Persönlichkeiten wie Henrik Ibsen und Edvard Munch begraben. Der Friedhof wurde 1808 eingeweiht, und seit 1903 gibt es einen eigenen Bereich für die Gräber berühmter Personen: Æreslunden. Das Gelände hat mehrere Eingänge.
akersbakken 32, telefon: 22581730, geöffnet: täglich tagsüber, eintritt: frei, bus: 37 nordahl brunsgate

(28) Die **Gamle Aker Kirke** ist nicht nur das älteste Gebäude von Oslo, sondern von ganz Ostnorwegen. Die auf einem Hügel gelegene Kirche wurde um 1100 im romanischen Stil errichtet. Die Kirche und ihre Umgebung am Telthusbakken zeigen ein ganz anderes Bild von Oslo als das Zentrum. Wer auf der Suche nach etwas Ruhe ist, wird sie hier finden.
akersbakken 26, www.gamle-aker.no, telefon: 23629120, geöffnet: mo-fr 12.00-16.00, so 10.00-14.00, eintritt: frei, bus: 54 telthusbakken

(29) Der außergewöhnlich gut erhaltene **Telthusbakken** war im 15. Jahrhundert die Hauptstraße von Oslo. Heute ist er mit seinen alten Häusern und der beschaulichen Ruhe eine der idyllischsten Straßen der Stadt. Hier vergisst man glatt, dass man sich in einer Großstadt befindet.
telthusbakken, bus: 54 telthusbakken

Essen & Trinken

① **Bølgen & Moi (B&M)** ist eine Restaurantkette mit drei Filialen in Oslo: in Nydalen, Tjuvholmen und Briskeby (Frogner). Letztere ähnelt mehr einer Brasserie mit Bar. Bei Bølgen & Moi dreht sich alles um Essen, Wein und Kunst. Essen und trinken muss man, um am Leben zu bleiben – Kunst braucht man zum Leben, so lautet die Philosophie. Neben Hummer, Steaks und anderen Gerichten aus lokalen Zutaten gibt es daher auch oft Ausstellungen.
løvenskiolds gate 26, www.bolgenogmoi.no, telefon: 24115353, geöffnet: mo-fr 7.30-1.00, sa 9.00-1.00, so 11.00-17.00, preis: 258 nok, bus: 20 frogner stadion

② Die Norweger haben weltweit den dritthöchsten Kaffeeverbrauch pro Kopf. Kein Wunder, dass man in Oslo an fast jeder Ecke eine Kaffeehaus findet. **Kaffebrenneriet** besitzt drei Filialen in der Stadt und ist eine typisch norwegische Kaffeebarkette. Die Niederlassung im Skovveien hat neben einer gut besuchten Kaffeebar auch einen Laden. An der Bar gibt es frisch gemahlenen und gebrühten Kaffee sowie Sandwiches, im Laden bekommt man geröstete Bohnen zum Mitnehmen.
skovveien 8, www.kaffebrenneriet.no, telefon: 95262662, geöffnet: mo-fr 7.00-19.00, sa-so 9.00-17.00, preis: kaffee 18 nok, sandwich 40 nok, straßenbahn: 12 niels juelsgate

⑧ **Bambus Sushi**, ein Lokal mit farbenfroher Einrichtung, ist das vielleicht beste asiatische Restaurant der Stadt. Hier werden nicht nur japanische Sushis, sondern auch vietnamesische, koreanische und chinesische Gerichte serviert. Außer den Sushis sind auch die hauseigenen Spezialitäten wie *kokkens egen soft shell krabbe i rsipapirrull* sehr empfehlenswert.
kirkeveien 57, www.bambussushi.no, telefon: 22850700, geöffnet: so-mo 14.00-22.00, di-mi 14.00-23.00, do-sa 14.00-0.00, preis: 150 nok, bus/u-bahn/ straßenbahn: majorstuen

BØLGEN & MOI (E&M) ①

⑨ Herrlich frische Brötchen bekommt man bei **United Bakeries**. Die norwegische Bäckereikette hat sich auf französisches Brot spezialisiert und bietet allerlei Brotsorten, Gebäck und Croissants an. Die alten Bistromöbel sorgen für eine gemütliche Atmosphäre.
valkyriegata 9-11, www.united-bakeries.no, telefon: 41775833, geöffnet: mo-fr 7.30-18-00, sa 8.00-18.00, so 10.00-17.00, preis: ganzes brot 35 nok, croissant 20 nok, straßenbahn: 11, 12 oder 19 majorstuen

(11) **Kristines Franske Fristelser** bedeutet "Kristines französische Verführungen", und der Name ist Programm. In dieser Konditorei bekommt man zum Kaffee allerlei süße Leckereien – von Kuchen bis Marzipan. Wer in Oslo etwas auf sich hält, bestellt hier seine Hochzeitstorte.
kirkeveien 98, www.kristines.no, telefon: 22699011, geöffnet: di-fr 7.30-17.30, sa 9.00-16.00, so 10.00-16.00, preis: kaffee & etwas süßes 50 nok, bus: 20 marienlyst

(17) Im **Bolivar** kann man an einem Shoppingtag gut eine Pause einlegen, zum Beispiel bei einem köstlichen Bagel mit Lachs, Kräuterbutter, getrockneten Tomaten und Schnittlauch. Die Bar ist ziemlich puristisch mit Metalltischen und Designerstühlen eingerichtet, und im Keller befindet sich ein toller Einrichtungsladen im selben Stil. Abends schaut im Bolivar halb Oslo vorbei.
vibesgate 11, www.bolivar.no, telefon: 22467100, geöffnet: mo-mi 11.00-0.00, do-sa 11.00-1.00, so 12.00-19.00, preis: sandwich & salat 129 nok, straßenbahn: 11 oder 19 schultzgate

(19) **Nobilis** ist die Top-Location in Oslo. In diesem Club trifft man sich zum Essen oder auf einen Cocktail. Auf der Karte stehen exklusive Speisen wie Austern. Die überdachte Terrasse mit Loungesofas ist beheizt, sodass man auch im strengen norwegischen Winter gemütlich draußen sitzen kann. Am Wochenende sorgt ein DJ bis spät in die Nacht für Stimmung.
josefinesgate 23, www.nobilis.no, telefon: 22692499, geöffnet: mo-do 17.00-2.00, fr 16.00-3.00, sa 13.00-3.00, preis: 265 nok, straßenbahn: 11 homansbyen

(20) Das Restaurant **Olivia** hat drei Niederlassungen in Oslo und bietet bezahlbares Essen in einem schönen Ambiente, zum Beispiel Pizza mit marinierten Scampi, Waldpilzen und Crème fraîche oder Calzone mit Spargel. Hier ist immer viel Betrieb, daher sollte man unbedingt reservieren.
hegdehaugsveien 34, www.oliviarestauranter.no, telefon: 23115470, geöffnet: mo-do 11.00-23.00, fr-sa 11.00-3.00, so 12.00-23.00, preis: pizza 159 nok, straßenbahn: 11 homansbyen

㉔ An langen, kalten Wintertagen ist das karibische Restaurant **Lemon Grass** der ideale Zufluchtsort. Hier serviert man in exotisch-entspannter Atmosphäre Köstlichkeiten wie Crème brûlée mit Mango, würzige Fleisch-, Geflügel- und Fischgerichte oder Avocadosuppe. Die Lounge des Lemon Grass eignet sich dank der zentralen Lage in der Nähe des Nationaltheatret ideal als Auftakt zum Abendprogramm.
kristian augustsgate 14, www.lemongrass.no, telefon: 22201222, geöffnet: mo-sa 16.00-1.00, preis: 200 nok, straßenbahn: 13 oder 19 national theatret

17 BOLIVAR

25 In Oslo gibt es aufgrund der vielen indischen Zuwanderer auch jede Menge gute indische Restaurants. **The Great India** ist eines der besten. Auf der umfangreichen Karte mit über sechzig Gerichten ist für jeden etwas dabei, zum Beispiel Chicken Tandoori oder Biryani (Reisgericht) mit Gambas.
kristian augustsgate 14, www.thegreatindia.no, telefon: 22200389, geöffnet: mo-sa 15.00-23.00, so 15.00-22.00, preis: 259 nok, straßenbahn: 11, 17 oder 18 tullinløkka

31 **Colletts Café** liegt direkt vor dem St. Hanshaugen Park. Hier kann man auf den bequemen Sofas herrlich entspannen, zu Mittag oder Abend essen oder sich zwischendurch einen Drink genehmigen. Auf der Karte stehen Hamburger, Pastagerichte und Salate. Das Publikum ist gemischt und reicht von Arbeitern aus dem Osten der Stadt bis zur Upper Class aus dem Westen.
collettsgate 33, www.collettscafe.no, telefon: 22601929, geöffnet: mo 12.00-0.00, di-sa 12.00-1.00, so 12.00-22.00, preis: 130 nok, bus: 37 collettsgate

32 Eine richtige Stammkneipe ist das **Tranen**. Hier tritt seit 24 Jahren der Sänger und Unterhalter Arnie Norse alias "Skiffle Joe" auf: singend auf dem Einrad, auf dem Tambourin begleitet von seiner thailändischen Frau. Der ideale Ort, um einen unvergesslichen Abend mit singenden und Bier trinkenden Osloern zu verbringen.
waldemar thranesgate 70, telefon: 22374633, geöffnet: täglich 12.00-3.00, preis: bier 60 nok, bus: 21 alexander kiellands plass

⑫ **PUR NORSK**

Shoppen

⑫ Bei **Pur Norsk** gibt es norwegisches Design: Einrichtungsgegenstände, Taschen, Spielzeug und vieles mehr. Die Topadresse für alle, die kein Null-achtfünfzehn-Souvenir, sondern ein norwegisches Mitbringsel mit Stil suchen.
theresesgate 14, www.purnorsk.no, telefon: 22464045, geöffnet: mo-fr 11.00-18.00, sa 10.00-16.00, bus: 20 ullevål

⑬ Der **Fire Store** ist ein kleiner Laden mit norwegischen und internationalen Delikatessen. Hier gibt es zum Beispiel Lachsquiche und typisch norwegisches Brot. Besser geeignet zum Mitnehmen sind Käse, Bohnen, Oliveröl, Nüsse und Trockenfrüchte. Außer Delikatessen werden hier auch Küchenutensilien verkauft, und es gibt sogar ein kleines Café für den Hunger zwischendurch.
theresesgate 20, telefon: 22462209, geöffnet: mo-sa 10.00-20.00, so 12.00-18.00, straßenbahn: 17 oder 18 stensgata

⑱ Die Boutique **Tatler** bietet ein großes Sortiment an Kleidung, Schuhen, Armbändern, Ohrringen und Handtaschen. Alle Accessoires sind Kreationen der französisch-schwedischen Designerin Johanna Dauphin, die gerne mit Silber arbeitet. Ihre Entwürfe sind geradlinig und weiblich zugleich. Die Kleidung stammt von skandinavischen und internationalen Designern wie Joseph und Diemme. Hier hat man sich im Handumdrehen neu eingekleidet.
bogstadveien 2, www.tatler.no, telefon: 22602958, geöffnet: mo-fr 10.00-19.00, sa 10.00-17.00, straßenbahn: 11 oder 19 rosenborg

㉒ Die **Shoe Lounge** ist ein Paradies für Schuhfreaks. Hier gibt es Schuhe in allen Formen und Farben von Marken wie Clarks, Barbara Bui, Bloch, Fancy Fanny, Michael Kors und Marc by Marc Jacobs, aber auch Taschen und Portemonnaies. Wer den neuester Trend an seinen Füßen tragen möchte, ist hier genau richtig.
hegdehaugsveien 30, www.shoelounge.no, telefon: 22564200, geöffnet: mo-mi & fr 10.00-18.00, do 10.00-19.00, sa 10.00-18.00, straßenbahn: 11 homansbyen

100 % there

⑥ Das **Frogner Stadion** ist die wichtigste Eissporthalle der Stadt und beherbergt auch das Schlittschuhmuseum (Skøytemuseet). Im Stadion findet unter anderem der Oscarsløpet statt, ein traditioneller, landesweit bekannter Kurzstreckenlauf. Im Prinzip ist das Stadion bis 15 Uhr für Besucher geöffnet, danach je nach Trainingsprogramm.
middelthunsgate 26, www.frognerstadion.oslosk.no, telefon: 91673861, geöffnet: ende nov.-anfang märz, für öffnungszeiten siehe website, eintritt: 30 nok, bus: 20 frogner stadion

⑭ Das **Bislett Stadion**, das bekannteste Stadion von Oslo, wurde 1922 als Eislaufbahn eröffnet. 1952 fanden hier die Olympischen Winterspiele statt. Das Stadion wurde 2005 und 2006 renoviert und ist heute die Heimat des Fußballvereins Skeid. Hier wird jedes Jahr das internationale Jugendfußballturnier Norway Cup ausgetragen.
bislettgate 1, www.bislettstadion.no, telefon: 22591759, geöffnet: mo-fr 8.00-21.00, sa 10.00-18.00, so 12.00-18.00, eintritt: frei (stadionbesichtigung), bus: 21 louisesgate, straßenbahn: 17 oder 18 theresesgate

⑮ Wer vor dem Oslobesuch durch die norwegische Natur gestiefelt ist, will vielleicht einige Sachen waschen. Dafür bietet sich das **Café Laundromat** an: eine witzige Kombination aus Café und Waschsalon. Während man auf die Wäsche wartet, bestellt man sich zum Beispiel Mad Banana Pancakes als Frühstück oder einen Laundromat Club zu Mittag. Am Abend gibt es eine umfangreiche Cocktailkarte. Mit WLAN und gut bestückten Bücherschränken kommt hier keine Langeweile auf. So wird die lästige Wäsche zum Vergnügen!
underhaugsveien 2, www.laundromat.no, telefon: 21383629, geöffnet: mo-fr 7.00-1.00, sa-so 10.00-1.00, straßenbahn: 17 oder 18 bislett

㉚ Der 1850 angelegte **St. Hanshaugen Park** war der erste öffentliche Park außerhalb des Stadtzentrums. Auf dem Hügel im Park steht ein Pavillon – ideal, um sich nach dem Aufstieg etwas zu erholen und die schöne Aussicht zu genießen.
zwischen ullevålsveien, collettsgate und geitmyrsveien, geöffnet: rund um die uhr, eintritt: frei , bus: 20 oder 37 st. hanshaugen

CAFÉ LAUNDROMAT ⑮

Frogner-Majorstuen, Fagerborg & Homansbyen

SPAZIERGANG 2

Starten Sie hier mit einem Kaffee (1) oder gegenüber in der Løvenskjoldsgate (2). Dann geradeaus und an der Kreuzung rechts in den Frognerveien. Den Frognerplass überqueren und geradeaus in die H. Svartesgate, um das Museum (3) zu besuchen. Gehen Sie in den großen Park nebenan und geradeaus zum Museum (4) und zum Monolithen (5). Danach zurück den Park bei (4) verlassen. Links in den Kirkeveien einbiegen. An der Ecke links einen sportlichen Abstecher (6) (7) machen oder geradeaus am Kirkeveien entlang für ein schönes Abendessen (8). Geradeaus bis zur Kreuzung, dann rechts und in die erste Straße links abbiegen, um an der ersten Ecke etwas zu kaufen (9). Danach links in die Valkyriegata einbiegen. In der zweiten Straße rechts befindet sich das Eisenbahnmuseum (10). Hier rechts, um wieder zum Kirkeveien zu gelangen. Diese Straße linksseitig bis zur Konditorei (11) entlanggehen. Dann beim Ullevålsveien rechts abbiegen, um in der Theresesgate zu shoppen (12). Diese Straße hinuntergehen, um Delikatessen (13) zu erstehen. Der Straße Richtung Bislett Stadion (14) (15) folgen. Im Kreisverkehr rechts in die Fagerborggata einbiegen. Nach dem Park links abbiegen, um sich die Kirche (16) anzusehen. Ein paar Schritte zurück befindet sich links an der Ecke ein beliebtes Esslokal (17). Weiter durch die Vibesgate und links in den Bogstadveien einbiegen. Hier gibt es Kleidung (18) und verschiedene Essgelegenheiten (19) (20). Beim Nobilis in die Josefinesgate einbiegen, um die Kirche (21) zu sehen. Zurückgehen und erst rechts, dann links und schließlich wieder rechts abbiegen, um zum Hegdehaugsveien (22) zu gelangen. Am Ende der Straße rechts abbiegen, dann geradeaus und dann links in den Wergelandsveien einbiegen. Dieser Straße folgen, bis der Park zu Ende ist. Dann links abbiegen und in der ersten Straße rechts das Museum (23) besuchen. Ein paar Schritte weiter rechts wartet ein exotisches Essen (24) (25). Ansonsten links in die Universitetsgata abbiegen. Im Kreisverkehr rechts in die St. Olavs Gate einbiegen, um zum Museum (26) zu gelangen. Ansonsten weiter der Langesgate und Frimannsgate bis zum Park folgen. Den Park umrunden, um den Friedhof (27) zu besuchen. Für noch mehr Alt-Oslo (28) (29) links in den Akersbakken einbiegen. Dann zurück zum Park (30). Diesen durchqueren, um gegenüber etwas zu essen (31). Zurück durch den Park und links in die Thranesgate einbiegen. Dieser Straße bis zum Endpunkt, der Kneipe an der Ecke (32), folgen.

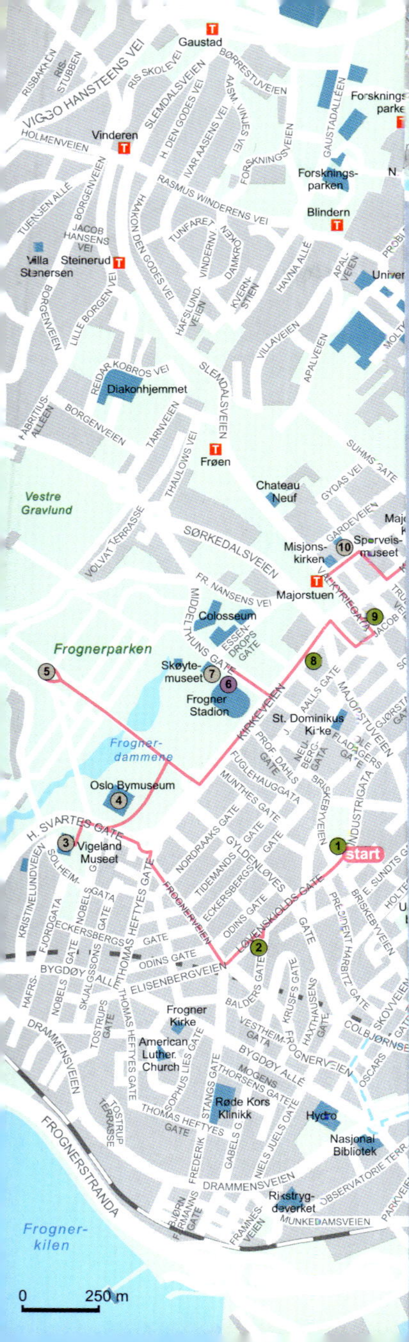

1 Bølgen & Moi (B&M)
2 Kaffebrenneriet
3 Vigelandmuseum
4 Bymuseet
5 Vigelandpark/Frognerpark
6 Frogner Stadion
7 Schlittschuhmuseum (Skøytemuseet)
8 Bambus Sushi
9 United Bakeries
10 Eisenbahnmuseum (Sporveismuseet)
11 Kristines Franske Fristelser
12 Pur Norsk
13 Fire Store
14 Bislett Stadion
15 Café Laundromat
16 Fagerborg Kirke
17 Bolivar
18 Tatler
19 Nobilis
20 Olivia
21 Uranienborg Kirke
22 Shoe Lounge
23 Nationalgalerie
24 Lemon Grass
25 The Great India
26 Kunstgewerbemuseum (Kunstindustrimuseet)
27 Vår Frelsers Gravlund
28 Gamle Aker Kirke
29 Telthusbakken
30 St. Hanshaugen Park
31 Colletts Café
32 Tranen

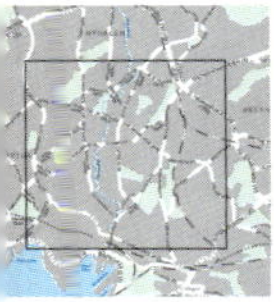

Grünerløkka & Grønland

Multikulturell, industriell und authentisch

Der kleine Fluss Akerselva teilt Oslo in Ost und West. Während auf der Ostseite zur Zeit der Industriellen Revolution Arbeiterquartiere entstanden, wohnten die besser betuchten Bürger im Westteil der Stadt. Entlang dem Akerselva liegen viele interessante Orte. So stehen beispielsweise auf den ehemaligen Industriegeländen wie Mølla noch die alten Fabrikgebäude, die heute als Büro- oder Wohnräume dienen und bei den Einheimischen sehr gefragt sind. Hier hat auch der NRK (öffentlich-rechtlicher Rundfunk) ein Studio für Lokalnachrichten.

Grünerløkka, eines der alten Arbeiterviertel östlich vom Fluss, ist heute ein beliebtes Szeneviertel mit vielen Restaurants, Cafés, Geschäften und Kneipen. Grünerløkka ist einer der ältesten Stadtteile von Oslo. Vierhundert Jahre lang war hier die einzige Stelle, an der es eine Brücke über den Akerselva gab.

3

Nach dem Zweiten Weltkrieg zogen viele Einwohner aus Grünerløkka fort in einen der neuen Außenbezirke, die für damalige Begriffe sehr modern und komfortabel waren. Grünerløkka war also nicht immer ein In-Viertel, ist jedoch in den letzten zwanzig Jahren wieder stark im Kommen. Viele neue Läden und nette Restaurants siedelten sich an. Durch das internationale Flair des Viertels gibt es hier beispielsweise viele gute indische Lokale, duftende Gewürzläden, orientalische Friseursalons und bunte Märkte, auf denen Waren aus aller Welt verkauft werden.

Weiter flussabwärts liegt Grønland. Wegen der vielen Zuwanderer wird das Viertel auch "Little Pakistan" genannt. Früher bestand ein Teil Grønlands aus einer großen Strandfläche, da hier der Akerselva ins Meer fließt. Heute trifft man auf eine bunte Ansammlung von Läden, Restaurants, Bars und Ausgehadressen. Grønland ist das Multikulti-Viertel von Oslo. Hier erlebt man eine ganz andere Seite der Stadt als beispielsweise in Grünerløkka oder Frogner.

6 Insider-Tipps

Doga

Moderne norwegische Kunst ansehen.

Mølla

Am Akerselva und den alten Fabriken entlangspazieren.

Trattoria Popolare

Italienische Hausmannskost und guten Wein genießen.

Colonel Mustard

Bei einem Brettspiel neue Freundschaften schließen.

Birkelunden Marked

Auf dem sonntäglichen Trödelmarkt herumstöbern.

Botanischer Garten

Die herrlichen Anlagen und exotische Blumen bestaunen.

- **Sehenswürdigkeiten**
- **Shoppen**
- **Essen & Trinken**
- **100 % there**

Sehenswürdigkeiten

(1) Im **Norsk Teknisk Museum** dreht sich alles um Technologie, Industrie, Wissenschaft und Medizin. In diesem interaktiven Museum kann man selbst Hebel und Knöpfe bedienen, zum Beispiel einen Roboter steuern. Ein guter Tipp für Familien mit Kindern.
kjelsåsveien 143, www.tekniskmuseum.no, telefon: 22796000, geöffnet: di-fr 9.00-16.00, sa-so 11.00-18.00, ende juni-ende aug. täglich 10.00-18.00, eintritt: 100 nok, straßenbahn: 12 midtoddveien

(23) Im **Botanischen Garten (Botaniske Hage)** wachsen über 7500 Blumen- und Pflanzenarten. Hier gibt es unter anderem einen Steingarten, einen schönen Kräutergarten und einen Gemüsegarten. Der Aromagarten wurde speziell für Sehbehinderte (Informationen in Braille) und Rollstuhlfahrer (erhöhte Rabatten) angelegt.
sarsgate 1, www.nhm.uio.no, telefon: 22851630, geöffnet: mitte märz-sept. mo-fr 7.00-21.00, sa-so 10.00-21.00, okt.-mitte märz mo-fr 7.00-17.00, sa-so 10.00-17.00, eintritt: frei, führungen nach voranmeldung, bus: 60, 20 oder 31, straßenbahn: 17 lakkegata skole, u-bahn: tøyen

(24) Das **Munch-Museum** gehört zu den meistbesuchten Museen von Oslo. Hier ist das Werk des Malers Edvard Munch (1863–1944) ausgestellt, das zum frühen Expressionismus gezählt wird. Die Sicherheitsvorkehrungen sind hoch, da bereits wertvolle Werke gestohlen wurden, zum Beispiel 1994 und 2004 *Der Schrei* (beide Male wiedergefunden).
tøyengata 53, www.munch.museum.no, telefon: 23493500, geöffnet: sept.-mai di-fr 10.00-16.00, sa-so 11.00-17.00, juni-aug. täglich 10.00-18.00, eintritt: 95 nok, bus: 20 munch museet, u-bahn: tøyen

(37) **Doga** ist das norwegische Zentrum für Design und Architektur, in dem viele bekannte norwegische Designer ausstellen. Hier wird auch gezeigt, wie Designer mit viel Kreativität gesellschaftliche Probleme in Entwicklungsländern zu lösen versuchen. Zudem gibt es Workshops für Kinder und Erwachsene.
hausmannsgate 16, www.doga.no, telefon: 23292870, geöffnet: mo-di & fr 10.00-17.00, mi-do 10.00-20.00, sa-so 12.00-17.00, eintritt: frei, straßenbahn: 11, 12, 13 oder 17 hausmannsgate

Essen & Trinken

(2) Im **Familienrestaurant Victor** – mit angeschlossenem Café und Terrasse – treffen sich die Viertelbewohner zum Abendessen, auf einen Snack oder ein Bier. Im Café stehen belegte Brötchen, Salate, Suppen und Hamburger auf der Karte, im Restaurant kann man zum Beispiel Seelachs oder Perlhuhn bestellen.
grefsenveien 6, www.restaurantvictor.no, telefon: 22221770, geöffnet: mo-sa 11.00-23.00, so 12.00-18.00 (restaurant di-sa ab 17.00), preis: 250 nok, straßenbahn: 12 grefsenveien

(5) Bei **Den Lille Kokosbollefabrikken** gibt es Eis und belegte Brötchen, doch die Spezialität des Hauses sind die berühmten *kokosboller*: eine süße Leckerei, die einem Schokokuss ähnelt. Die norwegische Version wird durch schmackhafte Kokosraspel gerollt.
thorvald meyersgate 18, www.kokosbollen.no, telefon: 91919976, geöffnet: mo-sa 10.00-18.00, so 12.00-18.00, preis: kokosboller 14 nok, bus: 21 sannergata

(6) **Bagel o Juice**, spezialisiert auf Bagels und frische Säfte, ist eine hervorragende Adresse für einen Mittagssnack. Der Bagel mit Brie und Chutney ist sehr zu empfehlen, zum Beispiel zusammen mit einem frisch gepressten Saft oder Smoothie. Für eine Extraportion Energie bestellt man sich den Protein-Smoothie, der im Handumdrehen fit macht für den nächsten Spaziergang.
thorvald meyersgate 18a, www.bagelandjuice.no, telefon: 21715145, geöffnet: mo-fr 9.00-18.00, sa-so 10.00-18.00, preis: bagel 89 nok, smoothie 55 nok, straßenbahn: 11, 12 oder 13 birkelunden

(10) **Cocoa** ist die erste Kakaobar in Oslo. Natürlich gibt es hier auch Kaffee und Tee, aber die Spezialität ist heiße Schokolade, deren Duft schon beim Eintreten Appetit macht. Besonders gemütlich wird es, wenn man die süße Köstlichkeit am knisternden Kamin trinkt. Lieber weiter durch Oslo laufen? Die heiße Schokolade gibt es auch zum Mitnehmen.
toftesgate 48, www.cocoa.no, telefon: 92808440, geöffnet: täglich 10.00-19.00, preis: heiße schokolade 35 nok, straßenbahn: 11, 12 oder 13 birkelunden

FRU HAGEN ⑰

⑫ Die **Bar Boca** mit ihrer Einrichtung aus den 1950er-Jahren und Rock-'n'-Roll-Musik ist die beste Cocktailadresse in Grünerløkka. Es stehen aber auch andere Getränke auf der Karte. Die Bar ist gemütlich, aber auch sehr klein, weshalb es am Abend schnell etwas eng werden kann.
thorvald meyersgate 30, telefon: 22041377, geöffnet: mo-do 11.00-1.00, fr-sa 11.00-3.00, so 12.00-1.00, preis: cocktail 110 nok, straßenbahn: 11, 12 oder 13 birkelunden

㉙ SÜDØST ASIAN CROSSOVER

⑬ Sushi-Fans kommen bei **Kitty's Sushi** auf ihre Kosten. Neben Sushi gibt es Nudeln, Steaks, Ente und allerlei Fischgerichte, auch zum Mitnehmen. Wer keinen rohen Fisch mag, wird hier also trotzdem satt. Nicht von ungefähr bezeichnen die Einheimischen Kitty's Sushi als "Perle von Grünerløkka".
helgesensgate 14, www.kittys.no, telefon: 22383693, geöffnet: mo-sa 14.00-23.00, so 14.00-22.00, preis: 192 nok, straßenbahn: 11, 12 oder 13 olaf ryes plass

⑮ Das **Hotel Havana** ist ein Delikatessengeschäft mit Mittagstisch. Alle Produkte kommen aus Norwegen oder dem Mittelmeerraum, zum Beispiel frischer Fisch, Würste und Schalentiere. Setzen Sie sich auf die Terrasse, bestellen Sie sich ein paar Tapas oder einen Fischburger und schauen Sie sich in Ruhe das Gewusel in Grünerløkka an.
thorvald meyersgate 36, www.hotelhavana.no, telefon: 23230323, geöffnet: mo-sa 10.00-18.00, so 12.00-17.00, preis: tapasmenü 335 nok, straßenbahn: 11, 12 oder 13 olaf ryes plass

⑯ Bei **Godt Brød** gibt es, wie der Name schon sagt, gutes Brot. Wer zeitig kommt, kann zusehen, wie das Biobrot gebacken wird. Godt Brød hat mehrere Filialen, allesamt Bäckereien mit Mittagsimbiss.
thorvald meyersgate 49, www.bakeverksted.no, telefon: 23229040, geöffnet: mo-sa 6.00-18.00, so 10.00-17.00, preis: mittagessen 129 nok, straßenbahn: 11, 12 oder 13 olaf ryes plass

⑰ **Fru Hagen** wurde 1996 als Lunchroom eröffnet, ist jedoch inzwischen zu einem Event-Lokal avanciert. Auf der Karte stehen immer noch belegte Brötchen, Salate, Hamburger und Gebäck, auf dem Programm Konzerte und Abende mit DJs.
thorvald meyersgate 40, www.fruhagen.no, telefon: 45491904, geöffnet: mo-di 11.00-0.00, mi 11.00-2.00, do-sa 11.00-3.00, so 12.00-23.00, preis: 193 nok, straßenbahn: 11, 12 oder 13 olaf ryes plass

⑲ Die bei den Osloern sehr beliebte Pizzeria **Villa Paradiso** lockt mit guter italienischer Küche. Die Pizzen werden in einem original italienischen Steinofen gebacken – und das schmeckt man. Auch fürs Frühstück oder zur Stärkung für einen langen Abend ist das ein geradezu paradiesischer Ort.
olaf ryes plass 8, www.villaparadiso no, telefon: 22354060, geöffnet: mo 8.00-22.00, di-fr 8.00-23.00, sa-so 10.00-22.00, preis: 122 nok, straßenbahn: 11, 12 oder 13 olaf ryes plass

⑮ HOTEL HAVANA

(26) Das Restaurant **Olympen** ist in einem historischen Gebäude von 1892 mit hohen Räumen und riesigen Kronleuchtern untergebracht. Der Koch verwendet nur saisonale Zutaten für seine traditionellen norwegischen Gerichte. Auf der Karte stehen über hundert Biersorten, von denen die meisten aus einer kleinen Brauerei in der Nähe stammen.
grønlandsleiret 15, www.olympen.no, telefon: 24101999, geöffnet: mo-di 11.00-1.00, mi-do 11.00-2.00, fr 11.00-3.00, sa 12.00-3.00, so 12.00-1.00, preis: 199 nok, straßenbahn: 11, 12 oder 13 brugata

(27) Die **Oslo Mekaniske Verksted** war früher eine Schweißerwerkstatt und ist heute eine Kneipe mitten in Grønland. Sie gehört zu einem Theater und ist auch dementsprechend exzentrisch eingerichtet. Hier kann man sich auf die Terrasse oder an den Kamin setzen, fernsehen, lesen oder Schach spielen. Kein Wunder, dass hier immer was los ist.
tøyenbekken 34, www.oslomekaniskeverksted.no, telefon: 45237534, geöffnet: täglich 15.00-2.00, straßenbahn: 11, 12 of 13 brugata

(29) Das Restaurant **Südøst Asian Crossover** ist in einer ehemaligen Bank untergebracht. In den hohen Sälen mit Kaminen oder auf der Terrasse am Akerselva genießt man das gemütliche Ambiente und die Gerichte mit europäischem und asiatischem Einschlag.
trondheimsveien 5, www.sydost.no, telefon: 23353070, geöffnet: mo-do 15.00-1.00, fr-sa 15.00-3.30, so 15.00-23.00, preis: 220 nok, straßenbahn: 17 heimdalsgata

(30) Die Karte der **Trattoria Popolare** umfasst einfache Speisen, wie man sie bei jeder italienischen Mamma bekommt. Alles wird frisch zubereitet, auch die Pasta. Auf der Weinkarte stehen über 600 – italienische – Weine. Zum Glück ist die Bedienung gerne bei der Auswahl behilflich.
trondheimsveien 2, www.popolare.no, telefon: 21383930, geöffnet: mo-di 11.00-1.00, mi-do 11.00-2.00, fr-sa 11.00-3.00, so 12.00-0.00, preis: menü 385 nok, straßenbahn: 11, 12 oder 13 nybrua

(30) TRATTORIA POPOLARE

(31) Das bei den Einheimischen beliebte **Trancher** ist ein heißer Tipp für Steakfreunde, denn Steak ist hier das einzige Hauptgericht. Dazu gibt es verschiedene Vor- und Nachspeisen.
thorvald meyersgate 78, www.trancher.no, telefon: 22364760, geöffnet: täglich 16.00-23.00, preis: 170 nok, straßenbahn: 11, 12 oder 13 nybrua

(32) Wer in Oslo echt spanische Tapas essen möchte, für den ist das preisgekrönte **San Leandro Tapas** richtig. Hier wird spanische Musik gespielt und die Stimmung ist locker-ungezwungen. Das erstaunt nicht, denn der Inhaber stammt aus Cordoba, wo er vor Jahren sein erstes Restaurant eröffnete.
thorvald meyersgate 76b www.sanleandrotapas.com, telefon: 22205747, geöffnet: di-fr & so 15.00-0.00, sa 13.00-0.00, preis: tapa 54 nok, straßenbahn: 11, 12 oder 13 nybrua

(35) **Delicatessen** ist ebenfalls eine Tapasbar. Auf der Karte stehen die bekannten Klassiker, ein Teil davon wechselt jedoch wöchentlich. Lassen Sie sich einfach überraschen. Die Stühle aus einer englischen Kirche bilden ein schönes Kontrastprogramm zur ansonsten modernen Einrichtung.
søndregate 8, www.delicatessen.no, telefon: 22714546, geöffnet: mo-do 11.00-0.30, fr 11.00-2.00, sa 12.00-2.00, so 12.00-0.30, preis: 290 nok straßenbahn: 11, 12 oder 13 nybrua

(36) **Folk Flest** ist eine Bar und Brasserie am Akerselva, wo man an langen Sommerabenden gemütlich am Wasser sitzt. Hier wird *husmanskost* serviert: einfache, typisch norwegische Speisen, die entsprechend der Saison variieren. So gibt es im Sommer Lachs, Salate und Hamburger, im Winter eher Lamm und Bratkartoffeln.
markveien 67, telefon: 22381947, geöffnet: täglich 11.00-1.00, preis: 170 nok, straßenbahn: 11, 12 oder 13 nybrua

11 LOS LOBOS

Shoppen

(7) Liebhaber von Käse kommen in **Birkelundens Lille Franske Ostebutikk** (Birkelundens kleiner französischer Käseladen) voll auf ihre Kosten. Darüber hinaus bekommt man hier Mittagessen und Crêpes sowie andere Delikatessen wie Oliven oder Salami, aber auch einen lecker gefüllten Picknickkorb für einen Tag im Park oder am Fjord.
thorvald meyersgate 27, www.franskostebutikk.no, telefon: 47256486, geöffnet: mo 12.00-19.00, di-fr 10.30-19.00, sa 11.00-18.00, so 12.00-18.00, straßenbahn: 11, 12 oder 13 birkelunden

(9) **Scorpius Import** sieht von außen wie ein knallbuntes Graffitikunstwerk aus und ist somit leicht zu finden. Der bei den Einwohnern von Grünerløkka und Torshov beliebte Laden verkauft importierte Produkte aus aller Welt, darunter Kleidung und Schmuck.
schleppegrellsgate 16, www.scorpius.no, telefon: 22374041, geöffnet: mo-mi & fr 10.00-17.00, do 11.00-18.00, sa 10.00-15.00, straßenbahn: 11, 12 oder 13 birkelunden

(11) Bei **Los Lobos** gibt es neben Kleidung und Accessoires auch Musik in allen Stilrichtungen – von Pop und Jazz bis hin zu Surf und Latino. Außer Jeans bekommt man hier Jacken, Schuhe, Hüte, Kleider, Portemonnaies und (Hand-) Taschen. Dem Inhaber gehören auch die gemütlichen Lokale Villa Paradiso und Hotel Havana.
thorvald meyersgate 30, www.loslobos.no, telefon: 22382440, geöffnet: mo-do 10.00-18.00, straßenbahn: 11, 12 oder 13 birkelunden

(14) In der hübsch eingerichteten Boutique **Zuzanna G** findet man außer Kleidung und Schuhen auch wunderschönen handgefertigten Schmuck, zum Beispiel silberne Ohrringe mit Swarovski-Kristallen oder goldene Kettchen mit Edelsteinen. Die Schmuckkreationen sind regelmäßig in den norwegischen Ausgaben von *Elle* und *Cosmopolitan* zu sehen.
helgesensgate 12-14, www.zuzannag.com, telefon: 22380300, geöffnet: mo-mi & fr 11.00-18.00, do 11.00-19.00, sa 11.00-16.00, straßenbahn: 11, 12 oder 13 olaf ryes plass

⑳ **Sjarm** ist der Liebling der norwegischen Damenwelt. Hier gibt es Schuhe, Schmuck, Taschen und alles Mögliche fürs Haus. Um die Ecke, am Markveien 56c, liegt eine zweite, größere Filiale, in der auch Herrensachen und Kunst verkauft werden.
sofienberggata 6, www.sjarm.biz, telefon: 22371932, geöffnet: mo-mi & fr 10.00-18.30, do 10.00-19.00, sa 10.00-17.30, so 12.00-18.00, straßenbahn: 11, 12 oder 13 olaf ryes plass

㉕ **Detaljer** hat fast alles: In dieser Boutique gibt es neben Kleidung auch Schmuck, Kerzen, Pflegeprodukte, Geschirr und noch vieles mehr – alles zu moderaten Preisen. Hier kann man stundenlang herumstöbern.
tøyengate 14, www.detaljer.no, telefon: 21377750, geöffnet: mo-fr 10.00-19.00, sa 10.00-17.00, u-bahn: grønland

㉝ **Fretex Unika** ist ein Laden für Secondhandkleidung, der zur norwegischen Heilsarmee gehört. Fretex ist ein Arbeitsbeschaffungsprojekt und die Verantwortlichen dort tun viel für benachteiligte Gruppen in der norwegischen Gesellschaft, zum Beispiel Arbeitslose, Rentner und Behinderte.
markveien 51, www.fretex.no, telefon: 22355916, geöffnet: mo-fr 10.00-18.00, sa 10.00-16.00, straßenbahn: 11, 12 oder 13 schous plass

㉞ In der kleinen Damenboutique **Babel AS** gibt es tolle Designerkleider und -röcke. Von jedem Kleidungsstück gibt es nur ein Exemplar – man trägt also ein Unikat!
markveien 54, telefon: 22383100, geöffnet: mo-fr 10.00-18.00, sa 11.00-17.00, straßenbahn: 11, 12 oder 13 schous plass

SJARM 20

100 % there

③ Im alten Industriegebiet **Mølla** am Fluss Akerselva begegnet man Überresten aus vergangenen Tagen. Die meisten noch erhaltenen Gebäude sind renoviert und dienen als Büro oder Wohnhaus. Mølla hat viele Überraschungen zu bieten, zum Beispiel wunderbare Wasserfälle.
mølla, bus: 11, 12, 13 biermanns gate

④ Im Café **Colonel Mustard** kann man nicht nur einen Kaffee oder ein Bier trinken, sondern auch Schach oder Monopoly spielen. Die Brettspiele liegen schon bereit, man muss nur noch einen Mitspieler finden. Eine tolle Gelegenheit, um in Oslo neue Freundschaften zu schließen.
darresgate 2, www.colonelmustard.no, telefon: 21950500, geöffnet: täglich 11.00-1.00, preis: 270 nok, straßenbahn: 11, 12 oder 13 birkelunden

⑧ Sonntags ist in Grünerløkka Flohmarkt. Auf dem **Birkelunden Marked** findet man neben Gebrauchtwaren auch Neues wie DVDs, CDs oder Schmuck. Das bunte Markttreiben lädt zum Herumstöbern ein. Achtung: Manchmal fällt der Markt aus, beispielsweise an Feiertagen oder autofreien Sonntagen.
birkelunden park, grünerløkka, www.markedsutleie.no, telefon: 93851781, geöffnet: so 12.00-20.00, straßenbahn: 11, 12 oder 13 birkelunden

⑱ In dem hübschen Park auf dem **Olaf Ryes Plass**, der von netten Läden, Cafés und Restaurants umgeben ist, treffen sich Studenten, Kreative und andere Einwohner des Viertels. Hier kann man entspannen und den Osloer Alltag beobachten.
olaf ryes plass, straßenbahn: 11, 12 oder 13 olaf ryes plass

㉑ **Grünerløkka Lufthavn** ist ein Kulturzentrum für alternative Kunstformen mit Ateliers, Proberäumen und der Galleri 69. Das Herz des Zentrums ist das Café Mir, das auch schöne Plätze im Garten hat. Im Kulturzentrum finden regelmäßig Konzerte statt.
toftesgate 69, www.lufthavna.no, telefon: 22380028, geöffnet: täglich 16.00-1.00, straßenbahn: 11, 12 oder 13 schous plass

COLONEL MUSTARD ④

㉒ Der **Sofienbergpark** ist einer der größten Parks von Grünerløkka und im Sommer ein beliebter Treffpunkt zum Grillen, Joggen, Lesen oder Sonnenbaden. Sehenswert sind auch der jüdische Friedhof und die Sofienbergkirche. *zwischen tøftesgate, helgesensgate und sofienberggata, geöffnet: rund um die uhr, bus: 20 helgesensgate*

㉘ **Dattera til Hagen** gehört zum Event-Lokal Fru Hagen. Im Erdgeschoss kann man tagsüber essen, oben gibt es einen Club mit Retro-Einrichtung. Die Musik ist abwechslungsreich, von Reggae über Electro bis hin zu Soul und Folk. *grønland 10, www.dattera.no, telefon: 22171861, geöffnet: mo-di 11.00-1.00, mi-do 11.00-2.00, fr-sa 11.00-3.00, so 12.00-1.00, für preise siehe website , straßenbahn: 11, 12 oder 13 brugata*

Grünerløkka & Grønland

SPAZIERGANG 3

Diese lange Wanderung startet beim Teknisk Museum (1). Folgen Sie dem Kjelsåsveien am Park entlang bis zur Kreuzung und biegen Sie links in die Solligrenda ein. Dann hinunter zum Park und ihn durchqueren, bis der Weg in den Gjerdrumsvei mündet. Dieser Straße auf der gegenüberliegenden Seite bis zum Sandakerveien folgen. Auch dem Sandakerveien bis zum Ende folgen und links in die Meinichsgate einbiegen. Anschließend rechts in dem Grefsenveien auf einer Terrasse erholen (2). Danach rechts die Treschowsgate bis zur Bentsebrugata folgen. Hier links in den Park spazieren und dem Fluss bis zu den Wasserfällen folgen (3). An der Kreuzung links abbiegen und der Straße folgen. Bei (4) können Sie Spiele spielen. Danach links in die Darresgate einbiegen und dieser bis zur Sannergata folgen, in die Sie rechts abbiegen. Nach 250 m rechts in die Meyersgate einbiegen, um *kokosboller* (5), einen Bagel (6) oder einen gefüllten Picknickkorb (7) zu kaufen. Ruhen Sie sich im Birkelunden Park aus oder schlendern Sie (wenn es Sonntag ist) über den Flohmarkt (8). Den Park diagonal durchqueren, um in die Toftesgata (9) (10) zu gelangen. Die Straße hinuntergehen, rechts in die Seilduksgata einbiegen und dann links zurück in die Meyersgate spazieren. Dort gibt es nette Boutiquen und Esslokale (11) (12) (15) (16) (17) und in der Helgesensgate (13) (14) ebenfalls. Den kleinen Park durchqueren (18), um etwas zu essen (19) oder zu kaufen (20). Den Weg an der Sofienberggata gegenüber dem Park fortsetzen. Der Straße folgen und rechts in die Toftesgata einbiegen (21). Dann zurück zum Park und diesen durchqueren (22), um wieder zur Sofienberggata zu gelangen. Der Straße bis zum Botanischen Garten (23) und Munch-Museum (24) folgen. Am Museum entlang in die Tøyengata gehen (25). Am Ende der Straße links können Sie norwegisch tafeln (26). Ansonsten rechts in den Grønlandsleiret einbiegen. Wer etwas Entspannung und ein Bier sucht (27), sollte vor dem (28) rechts in den Tøyenbekken einbiegen. Am Ende der Grønlandsleiret der Brugata folgen und rechts in die Storgata einbiegen. Bis zur Kreuzung gehen, an der es rechts und links Restaurants gibt (29) (30). Danach der Meyersgate folgen (31) (32). Biegen Sie links in die Nordregate ab und gleich wieder links, um zu shoppen (33) (34). Bevor Sie rechts in die Torggata einbiegen, können Sie noch Hausmannskost (36) oder links Tapas (35) probieren. An der ersten Kreuzung rechts wartet schließlich Doga (37).

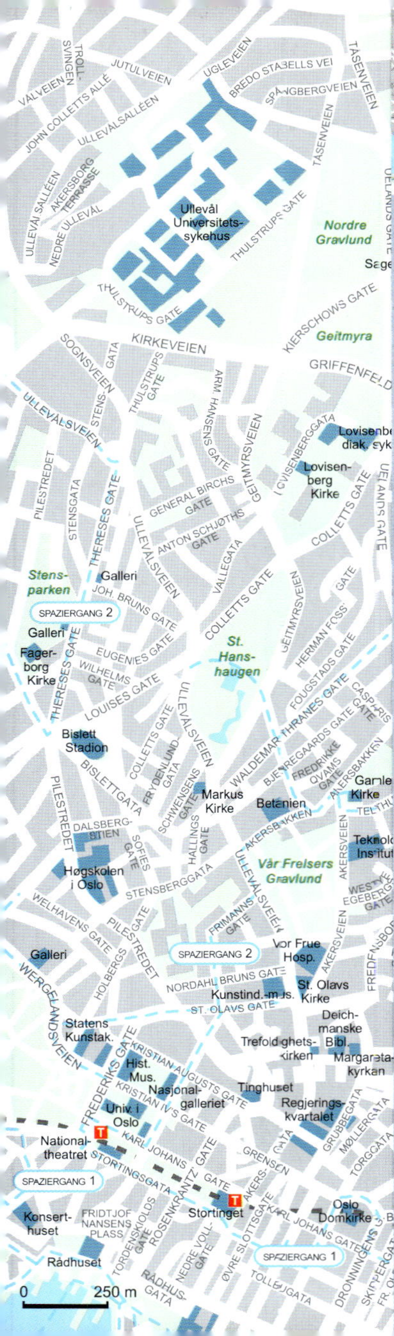

1. Norsk Teknisk Museum
2. Restaurant Victor
3. Mølla
4. Colonel Mustard
5. Den Lille Kokosbollefabrikken
6. Bagel o Juice
7. Birkelundens Lille Franske Ostebutikk
8. Birkelunden Marked
9. Scorpius Import
10. Cocoa
11. Los Lobos
12. Bar Boca
13. Kitty's Sushi
14. Zuzanna G
15. Hotel Havana
16. Godt Brød
17. Fru Hagen
18. Olaf Ryes Plass
19. Villa Paradiso
20. Sjarm
21. Grünerløkka Lufthavn
22. Sofienbergpark
23. Botanischer Garten
24. Munch-Museum
25. Detaljer
26. Olympen
27. Oslo Mekaniske Verksted
28. Dattera til Hagen
29. Südøst Asian Crossover
30. Trattoria Popolare
31. Trancher
32. San Leandro Tapas
33. Fretex Unika
34. Babel AS
35. Delicatessen
36. Folk Flest
37. Doga

Weitere Sehenswürdigkeiten

Wer der im Cityguide beschriebenen Route folgt, entdeckt viele Schönheiten der Stadt. Doch auch Orte abseits der Spaziergänge sind durchaus einen Besuch wert. Diese sind nachfolgend beschrieben. Manche dieser Sehenswürdigkeiten sind vom Zentrum aus etwas schwierig zu Fuß erreichbar, mit dem öffentlichen Nahverkehr ist das aber kein Problem. Die dazugehörigen Buchstaben finden Sie auf der Übersichtskarte vorn im Cityguide.

Ⓚ Auf dem **Holmenkollen** steht die berühmte Sprungschanze. Man sieht sie schon von Weitem, wenn man mit der Fähre von Deutschland oder Dänemark in Oslo ankommt. Die Schanze mit ihrer herrlichen Aussicht auf Oslo und Umgebung ist für Besucher geöffnet, ebenso das benachbarte **Skimuseum** zur Geschichte des Skifahrens.
kongveien 5, www.holmenkollen.com, telefon: 22923200, geöffnet: täglich okt.-apr. 10.00-16.00, mai & sept. 10.00-17.00, juni-aug. 9.00-20.00, eintritt: 110 nok, bus: 1 frognerseteren, u-bahn: besserud

Ⓛ Der **Grefsenkollen** ist ein Aussichtspunkt mit Restaurant. An klaren Tagen hat man einen wunderschönen Blick auf Oslo. Das prächtige Restaurantgebäude, 1926 von Ringnes (der größten Brauerei von Oslo) errichtet, liegt 357 m über dem Meer. Im Winter bekommt man hier norwegische Waffeln zum Mitnehmen.
grefsenkollveien 100, www.grefsenkollen.no, telefon: 22797060, geöffnet: di-sa 12.00-16.00 & 18.00-22.00, so 12.00-17.00, preis: menü 445 nok, bus: 56b grefsenkollen

Ⓜ **Bergfjerdingen** gehört mit Häusern aus dem 18. Jahrhundert zu den ältesten Gegenden von Oslo und besteht aus den Straßen Fredensborgveien, Dopsgate und Damstredet. Zwischen den typisch skandinavischen Holzhäusern vergisst man glatt, dass man durch eine Großstadt spaziert. Zu den berühmtesten Bewohnern der Damstredet gehörte der norwegische Schriftsteller Wergeland (1808–1845).
fredensborgveien, dopsgate und damstredet, straßenbahn: 11 tinghuset

Ⓝ Will man der Hektik der Stadt entfliehen, empfiehlt sich ein Abstecher ins beliebte **Waldgebiet Nordmarka**, das Oslo umgibt. Hier kann man nach Herzenslust Ski, Schlittschuh oder Kanu fahren, picknicken und wandern. Wem ein Tag nicht reicht, der kann im Hotel Lysebu übernachten, das 1916 im traditionellen norwegischen Stil erbaut wurde.
lysebuveien 12, www.lysebu.no, telefon: 21511000, u-bahn: holmenkollen, frognerseteren oder sognsvann

Ⓞ Mit 600 Hektar ist der **Ekebergpark** der größte Park von Oslo. Dort steht auch der Jernalderstien mit Felszeichnungen aus der Eisenzeit. Der Ekebergpark eignet sich perfekt, wenn man Lust auf etwas Natur hat, aber dennoch in der Stadt bleiben will. Gut essen kann man im Ekebergrestauranten.
park: ekebergveien/kongsveien/jomfrubråtveien, restaurant: kongsveien 15, www.ekebergrestauranten.com, telefon: 23242300, geöffnet: park täglich rund um die uhr, restaurant mo-sa 11.00-0.00, so 12.00-22.00, preis: 275 nok, bus: 34 ekeberg camping

Ⓟ **Ladegården** ist ein stattliches Landhaus, das um 1720 errichtet wurde. Während einer Führung erkundet man dieses außergewöhnliche Gebäude, das zur Middelalderbyen Oslo gehört, dem ältesten Teil der Stadt. Ladegården ist von mittelalterlichen Ruinen umgeben.
oslogate 13, telefon: 22194468, führungen: mai-sept. so 15.00 (ladegården), mi 18.00 & so 13.00 (ruinen), eintritt: 80 nok, straßenbahn: 18 & 19, bus: 32, 34 oder 70 st. halvards plass/dyvekes bro

Ⓠ Im **Minnepark** stehen Ruinen der ersten Dombauten von Oslo: die romanische Halvardskatedralen aus dem 11. Jahrhundert, das Olavsklosteret von 1240 und die Korskirken, deren Alter nicht bekannt ist.
st. halvards plass, telefon: 22194468, geöffnet: täglich, eintritt: frei, straßenbahn: 18 oder 19, bus: 32, 34 oder 70 st. halvards plass/dyvekes bro

Ⓡ 1986 gründete der Filmemacher Rafael Goldin mit seiner Frau **Det Internasjonale Barnekunstmuseet** (Internationales Kinderkunstmuseum), das für Kinder und Erwachsene gleichermaßen interessant ist. Kinder können hier unter anderem musizieren, singen und malen.
lille frøensvei 4, www.barnekunst.no, telefon: 22468573, für öffnungszeiten siehe website, eintritt: 60 nok, bus: 1b frøensalleen

Ausgehen

Oslo hat genau genommen drei Hotspots zum Ausgehen: Im Zentrum und rund um Aker Brygge gibt es viele Clubs, Bars, Restaurants sowie Konzertsäle. In Frogner besucht man die zahlreichen In-Bars und Clubs, um zu sehen und gesehen zu werden. In Grünerløkka und Grønland geht bis in die Morgenstunden die Post ab. Auch dort sind viele Bars, Pubs, Restaurants und Clubs zu finden. Ferner ist die Gegend zwischen dem Zentrum und Grünerløkka bei Partygängern beliebt, zum Beispiel Youngstorget und Møllergata.

Jeden Monat erscheint das Ausgehmagazin *What's on Oslo* mit Informationen über Partys, Kultur und andere Veranstaltungen in der Stadt. Es ist in vielen öffentlichen Einrichtungen und in den Tourismusbüros erhältlich. Auf den folgenden Seiten finden Sie eine Auswahl beliebter Ausgehadressen. Die Buchstaben sind auf der Karte vorne im Cityguide eingezeichnet.

(S) Das **Colosseum** ist das größte Kino von Oslo. Der geräumigste der vier Säle fasst knapp tausend Zuschauer. In diesem Saal mit Gewölbedecke wird Kino zum echten Erlebnis. Fast alle englischsprachigen Filme werden in der Originalfassung mit norwegischen Untertiteln gezeigt.
fridtjof nansensvei 6, majorstua, www.oslokino.no, telefon: 99432000, für öffnungszeiten und preise siehe website, bus/straßenbahn/u-bahn: majorstua

(T) Für einen Drink unter Einheimischen geht man ins **People's**, das in der Nähe von Sentrum Scene und Rockefeller liegt, wo oft Konzerte und Veranstaltungen stattfinden. Hier kann man drinnen oder draußen sitzen und außer Getränken auch einfache Gerichte wie Hamburger bestellen. Das People's ist bekannt für seine – für norwegische Begriffe – günstigen Bierpreise.
arbeidersamfunnets plass 1, telefon: 22209120, geöffnet: täglich bis 0.00, straßenbahn: 11, 12 oder 13 brugata

(U) Die **Etoile Bar** liegt im obersten Stockwerk des Grand Hotels, wo Barack Obama nächtigte, als er den Friedensnobelpreis in Empfang nahm. Im Sommer bekommt man hier auf dem Dachgarten köstliche Cocktails und einen Snack mit atemberaubendem Blick auf die Stadt.
karl johans gate 31, www.grand.no, telefon: 23212000, geöffnet: mo-do 10.00-1.00, fr-sa 10.00-2.00, u-bahn: stortinget

(V) Bei **Internasjonalen** gibt es jede Menge Cocktails, aber auch Schnaps und Bier in einem entspannten, modern-industriellen Ambiente. Der Club (Mindestalter 24 Jahre) ist in einem ehemaligen Theater untergebracht.
youngstorget 2, www.internasjonalen.no, telefon: 40004277/22420819, geöffnet: mo 12.00-1.00, di-sa 12.00-3.00, so 16.00-1.00, straßenbahn: 11, 12 oder 13 brugata

(W) Stilvolle Partys steigen im Club **La Belle Sole** in der Nähe des Solli Plass. Hier kann es passieren, dass man den Ausweis zeigen muss, denn nur Besucher ab 26 dürfen hinein. Mittwochs ist von 23 bis 3 Uhr Lille La Belle geöffnet, dann gilt ein Mindestalter von 23 Jahren.
observatoriegata 2b, www.labellesole.no, telefon: 22554000, geöffnet: mi-sa 23.00-3.00, bus/straßenbahn: solli plass

(X) Das **Raspoutine** ist der In-Club der wohlhabenden Osloer Jugend und der Promis. Hier feiert am Wochenende die High Society bei Drinks und guter Musik von bekannten DJs. Vor dem Eingang steht immer eine lange Schlange, daher sollte man am besten gegen 23.30 Uhr da sein.
henrik ibsensgate 60a, www.raspoutine.no, telefon: 22440022, geöffnet: do-sa 23.00-3.00, straßenbahn: 19 inkognitogata

(Y) **The Villa** ist ein Club im Keller von Hells Kitchen, einer bekannten Pizzeria in Oslo. Er hat sich auf Dancemusik spezialisiert und ist bei Einheimischen und Touristen gleichermaßen beliebt. Der Eintritt ist bis 23 Uhr frei, danach zahlt man 100 Kronen. Das Mindestalter beträgt 23 Jahre.
møllergata 23, www.thevilla.no, telefon: 3255745, geöffnet: do-sa 22.00-3.30, straßenbahn: 11, 12 oder 13 brugata

FIASCO

Alphabetischer Index

Thematischer Index

Colletts Café

100% FLORENZ
100% HAMBURG
Auf 6 Spaziergängen 100% Hamburg erleben.
100% ISTANBUL
100% MAILAND
Auf 6 Spaziergängen 100% Mailand erleben.
100% MARRAKESCH
100% MÜNCHEN
100% ROM
100% VALENCIA
100% MÜNCHEN
Auf 6 Spaziergängen 100% München erleben.
GUIDE+ APP

Dieser 100 % Cityguide wurde mit größter Sorgfalt zusammengestellt. Mo Media GmbH ist nicht verantwortlich für eventuelle inhaltliche Fehler. Anmerkungen und/oder Kommentare können unter *www.100travel.de* mitgeteilt oder an die unten stehende Adresse gerichtet werden.

mo media gmbh, betr. 100 % oslo,
steinstraße 15, 10119 berlin,
e-mail info@momedia.com

autor	cecile van sasse van ysselt
koautor	petra de boer
fotografie	vincent van den hoogen, marius kristoffersen (ting), kaffebrenneriet, café laundromat, christian roth christensen (colonel mustard), niklas lello & medvind production (doga)
übersetzung	tom seidel (für bookwerk)
lektorat	ulrike grafberger (für bookwerk)
schlussredaktion	caroline kazianka (für bookwerk)
konzeptgestaltung	studio 100%
gestaltung & lithografie	mastercolors mediafactory, hilden design, münchen
kartografie	van oort redactie en kartografie

100% oslo isbn 978-39-4350-231-2